概説

表題部所有者不明土地適正化法

〔著〕 法務省民事局総務課長（前同局民事第二課長）
村松秀樹

熊本地方裁判所判事（前法務省民事局付）
佐藤丈宜

法務省民事局付
森下宏輝

法務省民事局民事第二課地図企画官
田中博幸

一般社団法人**金融財政事情研究会**

はしがき

　令和元年 5 月17日、第198回国会において、「表題部所有者不明土地の登記及び管理の適正化に関する法律（令和元年法律第15号）」が成立し、同月24日に公布されました。この法律は、歴史的経緯により不動産登記の表題部所有者欄の氏名・住所が正常に記録されていないままになっている土地（表題部所有者不明土地）を解消することを目的とするものです。この法律は、不動産登記を見ても所有者が直ちに判明せず、又は連絡がつかない「所有者不明土地」から生ずる様々な現実的な困難の解決を図るためのものであり、ここ数年にわたり矢継ぎ早に行われている一連の法改正の一つと位置付けられるものです。

　その対象となる表題部所有者不明土地は、以前より、所有者不明土地の中でも所有者を発見して登記の適正化を図ることが特に困難なものと認識されていましたが、その困難性ゆえに、有効な対策を講ずることができないままとなっていたものです。

　しかし、今後、年月を経ることでその解消が進む見込みもなく、かえって関係資料が散逸し、手を付けることが困難になるおそれが高いことから、その解消に向けて、不動産登記のスペシャリスト集団である法務局の登記官が専門的知見を有する探索委員の助力を得つつ所有者の探索を行い、その解消を主体的に進めるという全く新しい発想による法律が制定されたものであり、現在も全国でこの法律に基づく解消作業が着々と進められています。

　本書は、この法律の趣旨及び内容を分かりやすく解説することを目的としています。下位法令や通達についても取り上げており、本書を読めば表題部所有者不明土地の解消のための制度全体や運用のイメージを理解することができるようになっています。著者らはこの法律や下位法令の立案作業を担当した者ですが、意見にわたる部分は、著者らの個人的見解にとどまるものです。本書が、表題部所有者不明土地の解消に携わる皆さんのお役に立つことを祈念してやみません。

執筆に当たっては、法律や施行規則の立案作業で苦労を共にした金森真吾氏（当時・法務省民事局民事第二課係長）、太田道寛氏（当時・法務省民事局民事第二課係長）から、貴重な助言をいただきました。また、本書の刊行に当たっては、株式会社きんざいの堀内亮氏より一方ならぬご尽力を賜りました。改めて御礼を申し上げます。

　令和5年2月

著者代表　村松　秀樹

凡　例

本書中、法令の条文等を引用する場合に用いた略語は、次のとおりです。

法	表題部所有者不明土地の登記及び管理の適正化に関する法律（令和元年法律第15号）【付録1】
規則	表題部所有者不明土地の登記及び管理の適正化に関する法律施行規則（令和元年法務省令第42号）【付録2】
不登法	不動産登記法（平成16年法律第123号）
不登令	不動産登記令（平成16年政令第379号）
不登規則	不動産登記規則（平成17年法務省令第18号）
非訟法	非訟事件手続法（平成23年法律第51号）
選定基準通達	表題部所有者不明土地の登記及び管理の適正化に関する法律第3条第1項に基づく所有者等の探索の対象地域の選定基準について（令和元年10月17日付け法務省民二第253号法務局長、地方法務局長宛て法務省民事局長通達）【付録3】
令和元年通達	表題部所有者不明土地の登記及び管理の適正化に関する法律の施行に伴う不動産登記事務の取扱いについて（令和元年11月21日付け法務省民二第599号法務局長、地方法務局長宛て法務省民事局長通達）【付録4】
令和2年通達	表題部所有者不明土地の登記及び管理の適正化に関する法律等の施行に伴う不動産登記事務の取扱いについて（令和2年10月30日付け法務省民二第796号法務局長、地方法務局長宛て法務省民事局長通達）【付録5】
令和4年通達	特定不能土地等管理者等から売買等により所有権を取得した者による自己を表題部所有者とする表題登記の取扱いについて（令和4年4月1日付け法務省民二第523号法務局長、地方法務局長宛て法務省民事局長通達）【付録6】

目　　次

第 **1** 章

総　論

「表題部所有者不明土地の登記及び管理の適正化に関する法律」は、所有者不明土地問題への対策の一環として、歴史的経緯により不動産登記簿の表題部所有者欄の氏名又は名称及び住所の全部又は一部が正常に記録されていない表題部所有者不明土地について、その登記及び管理の適正化を図るために必要となる措置を講ずることを内容とするものである。

1　法制定の経緯

(1)　所有者不明土地問題の要因としての変則的な登記

近時、所有者不明土地（最も広い意味では、不動産登記簿を見ても所有者が直ちに判明せず、又は判明しても連絡が付かない土地）の存在が、公共事業の用地取得や農地の集約化、森林の適正な管理等をはじめ、災害の復旧・復興事業の実施、民間の土地取引など、様々な場面で問題となっている。

所有者不明土地問題が発生する要因としては、相続登記の未了や住所変更登記の未了が指摘されているが、このほかにも、歴史的経緯により不動産登記簿の表題部の所有者欄の氏名又は名称及び住所の全部又は一部が正常に記録されていない変則的な登記となっている土地の存在が指摘されていた。

(2)　表題部所有者不明土地とは

不登法上、所有権の登記がされていない土地の登記記録の表題部の所有者欄には、所有者の氏名又は名称及び住所並びに所有者が二人以上であるときはその所有者ごとの持分が登記されていなければならない（不登法27条3号）。

（図１）正常な表題部所有者の登記の例

表　題　部 （土地の表示）		調整	余　白		不動産番号	0000000000000
地図番号	余　白	筆界特定	余　白			
所　　在	特別区南都町一丁目				余　白	
①地番	②地目	③地積　㎡			原因及びその日付〔登記の日付〕	
101番	宅地		300	00	不詳 〔平成20年10月14日〕	
所　有　者	特別区南都町一丁目1番地1号　甲　野　太　郎					

　しかしながら、歴史的経緯により表題部に所有者の氏名又は名称及び住所の全部又は一部が登記されていない土地が存在する。法では、このような土地は「表題部所有者不明土地」と定義されている（法２条１項）。

　具体的には、表題部所有者欄に、①氏名が記録されているものの、その住所が記録されていない土地（以下「氏名のみの土地」という。）や、②「A外七名」などと記録され、共有者の一人である「A」の住所並びに他の共有者の氏名及び住所が記録されていない土地（以下「記名共有地」という。）、③「大字霞が関」等の大字名や集落名などの名義が記録されていて、住所は記録されていない土地（以下「字持地（あざもちち）」という。）などが存在する[1]。

　これは、主として、旧土地台帳制度[2]下においてされていた台帳の所有者欄の氏名又は名称及び住所の変則的な記載が、昭和35年以降に不動産登記法の一部を改正する等の法律（昭和35年法律第14号。以下「昭和35年改正法」という。）に基づいて行われた、旧土地台帳と不動産登記簿との一元化作業

1　法務省において、平成29年９月から平成30年５月までの間、全国の土地のうち約50万筆をサンプル抽出して調査した結果では、その約１％が表題部所有者不明土地であった。その内訳は、①氏名のみの土地の割合が約85％、②記名共有地の割合が約４％、③字持地の割合が約11％であった。
2　旧土地台帳は、税務署が地租の課税標準たる土地の賃貸価格の均衡適正を図るため、土地の状況を明確に把握するために地目や地積など必要な事項の登録を行う（土地台帳法（昭和22年法律第30号）１条）ことを目的として設けられていた課税台帳である。土地台帳法等の一部を改正する法律（昭和25年法律第227号）により台帳事務が税務署から登記所に移管された後、昭和35年改正法によって旧土地台帳は廃止され、不動産登記簿に一元化された。

（図２）氏名のみの土地の登記の例

表　題　部　（土地の表示）			調整	平成９年６月26日	不動産番号	0123456789001
地図番号	余　白		筆界特定	余　白		
所　在	甲市乙区丙町				余　白	
①地番	②地目		③地積　㎡		原因及びその日付〔登記の日付〕	
50番	墓地		50		余　白	
余　白	余　白	余　白			昭和63年法務省令第37号附則第２条第２項の規定により移記　平成９年６月26日	
所　有　者　法　務　太　郎　右　衛　門						

（図３）記名共有地の登記の例

表　題　部　（土地の表示）			調整	平成９年６月26日	不動産番号	0123456789002
地図番号	余　白		筆界特定	余　白		
所　在	甲市乙区丙町				余　白	
①地番	②地目		③地積　㎡		原因及びその日付〔登記の日付〕	
51番	宅地		100：00		余　白	
余　白	余　白	余　白			昭和63年法務省令第37号附則第２条第２項の規定により移記　平成９年６月26日	
所　有　者　登　記　促　子　外　七　名						

（図４）字持地の登記の例

表　題　部　（土地の表示）			調整	平成９年６月26日	不動産番号	0123456789003
地図番号	余　白		筆界特定	余　白		
所　在	甲市乙区丙町				余　白	
①地番	②地目		③地積　㎡		原因及びその日付〔登記の日付〕	
52番	田		200		余　白	
余　白	余　白	余　白			昭和63年法務省令第37号附則第２条第２項の規定により移記　平成９年６月26日	
所　有　者　大　字　霞　が　関						

を通じて引き継がれたことにより発生したものであると考えられている[3]。

⑶　表題部所有者不明土地によって生ずる支障

このような表題部所有者不明土地は、所有者不明土地の中でも、氏名や住所等が正常に記録されておらず、記録がされてから長期間が経過しているのが通常であることから、戸籍や住民票等による所有者調査の手掛かりが乏しいため、所有者の発見が特に困難な類型に属する。

そのため、表題部所有者不明土地の存在は、円滑な公共事業の実施や適切な土地の管理のほか、不動産の円滑な取引等においても大きな支障を生じさせている。

今後、歴史的資料の散逸や地域コミュニティの衰退等によって、地域の事情に通じた者が少なくなるなど、所有者の特定がますます困難になると考えられることから、速やかに表題部所有者不明土地を解消する方策を講じておく必要がある。

また、表題部所有者不明土地について、探索をしても全く所有者を特定することができない場合には、土地の権利帰属主体が特定されていることを前提とする不在者財産管理制度（民法（明治29年法律第89号）25条以下）及び相続財産管理制度（民法952条以下）を利用することもできず、既存の裁判手続を通じたとしても、その管理・処分は困難な状況となっている。

3　昭和35年改正法附則２条１項においては、登記所は、未登記の土地で旧土地台帳に登録されているものについては、表題部を新設しなければならないこととされた。そして、不動産登記法施行細則の一部を改正する等の省令（昭和35年法務省令第10号）附則３条２項において、新表題部を作成するには、旧土地台帳に基づき昭和35年改正法による改正後の不登法78条又は91条（現在の不登法27条３号、34条１項及び44条１項に相当）に掲げる事項で現に効力を有するものを新表題部の用紙に記載することとされた。これを受けて、「登記簿・台帳一元化実施要領」（昭和35年４月１日民事甲第685号民事局長通達等）では、「未登記の土地について所有者の氏名のみで住所の記載が洩れている場合は、そのまま所有者の氏名だけを移記する。なお、所有者欄に、例えば『大字何』又は単に『共有者』と記載されている場合も、そのままの表示で移記する。」（第三十一の４）こととされた（実際上、必要な調査権限も与えられていない状態では、そのまま移記せざるを得ないところである。）。

⑷ この法律の成立に至る経緯

このような状況を踏まえ、「所有者不明土地等対策の推進に関する基本方針」（平成30年6月1日所有者不明土地等対策の推進のための関係閣僚会議決定）において、「変則型登記を正常な登記に改めるために必要な法制度の整備に向けた作業を進め、次期通常国会へ提出する」こととされ、「経済財政運営と改革の基本方針2018」（同月15日閣議決定）においても、同様の方針が明記された。

そこで、法務省民事局において検討を進め、平成31年2月22日、第198回国会（平成31年通常国会）に内閣提出法案として「表題部所有者不明土地の登記及び管理の適正化に関する法律案」が提出された。この法案は、平成31年4月26日には衆議院法務委員会において、令和元年5月10日には衆議院本会議において、それぞれ全会一致により可決されて参議院に送付された。さらに、同月16日には参議院法務委員会において、同月17日には参議院本会議において、それぞれ全会一致により可決され、「表題部所有者不明土地の登記及び管理の適正化に関する法律」が成立し、同月24日に公布された。なお、衆議院法務委員会及び参議院法務委員会においてそれぞれ附帯決議がされている[4]、[5]。

⑸ 新法を制定する形式を採用した理由

表題部所有者不明土地が発生した要因は、前記のとおり、主として、旧土

---

4 衆議院法務委員会附帯決議（平成31年4月26日）
   政府は、本法の施行に当たり、次の事項について格段の配慮をすべきである。
   一 登記官が行う表題部所有者不明土地の所有者等の探索を行う土地の選定に当たり、選定過程の透明性及び公平性が確保されるよう努めること。
   二 表題部所有者不明土地に関する所有者等探索及びそれに基づく登記への反映が迅速かつ適切になされるよう努めるとともに、効率的な予算の執行に努めること。
   三 所有者等特定不能土地及び特定社団等帰属土地の管理及び処分に関し、不当に真の所有者の権利が制約されることのないよう努めること。
   四 所有者不明土地が、災害の復旧・復興事業の実施など様々な場面において国民経済に著しい損失を生じさせていることを踏まえ、所有者不明土地の発生の抑制・解消に向け、相続登記の在り方や土地所有権の放棄の在り方等に関する法制審議会における議論も見据えながら、相続登記についての相続人の負担軽減策を含め、政府が行っている所有者不明土地等対策の更なる推進を図るよう努めること。

地台帳制度下における所有者欄の氏名又は名称及び住所の変則的な記載が不動産登記簿に引き継がれたことによるものと指摘されている。現在の不登法においては、土地の登記記録の表題部には所有者の氏名又は名称及び住所などを記録することとされており（不登法27条3号）、変則型登記は現行の不登法が本来予定していないものであるため、今後、変則型登記が新たに発生することは基本的に想定されない。

　そこで、不登法自体に規定を設けるのではなく、その登記の適正化の作業に関する規定や特定が不能であった土地を対象とする財産管理の規定も含めた関連規定を有する新たな法律の制定によることが相当であると考えられたものである。

2　法の概要等

(1)　法の概要

　法は、表題部所有者不明土地の登記及び管理の適正化を図るため、次のような措置を講じている。

①　表題部所有者不明土地について、所有者の探索に関する制度の創設（法

5　参議院法務委員会附帯決議（令和元年5月16日）
　　政府は、本法の施行に当たり、次の事項について格段の配慮をすべきである。
　　一　所有者等の探索を行う表題部所有者不明土地の選定については、選定過程の透明性及び公平性の確保に努めること。
　　二　表題部所有者不明土地に関する所有者等の探索及びそれに基づく登記への反映が迅速かつ適切になされるよう、体制整備と要員確保に努めるとともに、効率的な予算の執行に努めること。
　　三　所有者等特定不能土地及び特定社団等帰属土地の管理及び処分に関し、不当に真の所有者の権利が制約されることのないよう努めること。
　　四　所有者不明土地が、災害の復旧・復興事業の実施など様々な場面において国民経済に著しい損失を生じさせていることを踏まえ、所有者不明土地の発生の抑制・解消に向け、相続登記の在り方や土地所有権の放棄の在り方等に関する法制審議会における議論を見据えつつ、相続登記に係る相続人の過大な負担を積極的に軽減することを含め、政府が行っている所有者不明土地等対策の更なる推進を図るよう努めること。
　　五　所有者不明土地問題の解決のため、関係情報を有する各省庁の十分な連携を図ること。

3条から14条まで並びに17条及び18条)

② 探索の結果を不動産登記簿に反映させるための不動産登記の特例の規定の創設(法15条、16条及び18条)

③ 探索の結果、所有者を特定することができなかった土地等について、適切な管理を可能とする制度の創設(法19条から30条まで)

上記①から③までの具体的な手続の流れを図に示すと次頁のとおりである。

これらの措置を講ずることにより、登記記録上不明確であった表題部所有者不明土地に係る権利関係を明確化するとともに、その適正な利用を促進し、もって国民経済の健全な発展及び国民生活の向上に寄与することが法の目的である(法1条)。

(2) 施行期日

法のうち、登記の適正化に関する部分(法第1章、第2章及び第6章の規定)については令和元年11月22日から、管理の適正化に関する部分(法第3章から第5章までの規定)については令和2年11月1日から、それぞれ施行された。

なお、登記の適正化に関する部分の不動産登記事務の取扱いについて令和元年通達【付録4】が、管理の適正化に関する部分の不動産登記事務の取扱いについて令和2年通達【付録5】が発出されている。

手続の流れ

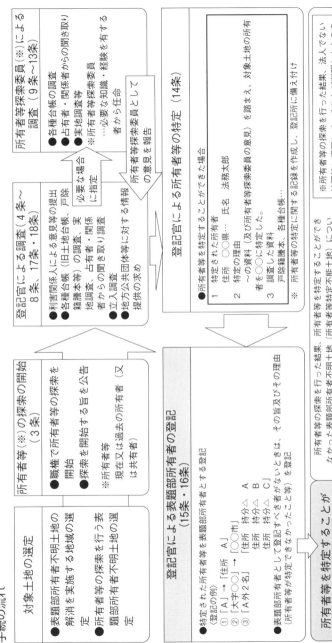

第 2 章

表題部所有者不明土地の
表題部所有者の登記

　法が対象とする表題部所有者不明土地は、所有権の登記がない土地のうち、表題部所有者欄に所有者の氏名又は名称及び住所の全部又は一部が記録されていない土地である[1]。

　ただし、所有者の氏名又は名称及び住所の全部又は一部が記録されていない場合であっても、例えば、「○○市」名義のように、国や地方公共団体等が所有しており、もともとその住所の記録を要しないものであることが登記記録上明らかなときまで対象に含める必要はない。

　そこで、この法律において「表題部所有者不明土地」とは、所有権（その共有持分を含む。）の登記がない一筆の土地のうち、表題部に所有者の氏名又は名称及び住所の全部又は一部が登記されていないもの（国、地方公共団体その他法務省令で定める者が所有していることが登記記録上明らかであるものを除く。）をいうものとされている（法2条1項）[2]。

　なお、法にいう「登記記録」、「表題部」又は「表題部所有者」とは、それぞれ不登法2条5号、7号又は10号に規定する「登記記録」、「表題部」又は「表題部所有者」をいう（法2条5項）。

1　第1章1⑵の各図で示した例のほかに、表題部所有者不明土地に該当する具体例として、表題部の所有者欄に単に「共有地」とのみ記録されている土地や、表題部の所有者欄に「共有惣代A」と記録され、Aの住所並びに他の共有者の氏名又は名称及び住所が記録されていない土地（いわゆる共有惣代地）、表題部の所有者欄に何らの記録もない土地などが存在する。

2　所有者が二人以上である場合において、氏名又は名称及び住所が記録されているものの、その持分のみが記録されていない土地については、登記記録上所有者を特定することはできることから、対象から除外されている。すなわち、持分の登記がされていない原因は、不動産登記法の一部を改正する等の法律（昭和35年法律第14号）による改正前の不動産登記法（明治32年法律第24号）39条において「登記権利者ガ多数ナル場合ニ於テ登記原因ニ其持分ノ定メアルトキハ申請書ニ其持分ヲ記載スルコトヲ要ス」とされており、当該持分の定めがない場合には、民法250条の規定により、各共有者の持分は、相等しいものと推定されるから、これによれば足りるとされていたものと考えられる。したがって、持分が登記記録上判明しないケースについては、相等しいものと扱えば足り、適正化を図る必要は認められないものである。

登記官による所有者等の探索

(1) 所有者等の探索の開始

　表題部所有者不明土地は、所有者の氏名又は名称及び住所の全部又は一部が正常に記録されていない点で不登法27条3号の定めに適合しない状態の登記がされているものであり、登記記録から所有者が誰かを特定することができないものである。そのため、その所有者の探索及び特定を行い、表題部所有者の登記を不登法に適合した正常なものに改めることが必要である。

　そこで、登記官は、表題部所有者不明土地について、その土地の利用の現況、周辺の地域の自然的社会的諸条件及び当該地域における他の表題部所有者不明土地の分布状況等を考慮して、表題部所有者不明土地の登記の適正化を図る必要があると認めるときに、職権で、その所有者等の探索を行うものとされた（法3条1項）[3]。

(2) 探索を行うべき所有者等

　登記官によって探索が行われる「所有者等」とは、所有権（その共有持分を含む。）が帰属し、又は帰属していた自然人又は法人（法人でない社団又は財団（以下「法人でない社団等」という。）を含む。）をいうものとされている（法2条2項）。

　表題部所有者の登記を正常な状態に改める観点からは、まずは、旧土地台

3　表題部所有者不明土地に対する所有者等の探索は、職権で行うものとされており、利害関係人等に対して申立権を認めていない。

　　申立てによる実施を認めた場合には、当該土地の所有関係をめぐって訴訟が係属する場合など探索を継続することが適切でないケースについても登記官が応答義務を課され、かえって紛争を招くといった事態を生ずるおそれもある。

　　また、所有者等の探索は、全国各地の表題部所有者不明土地の全てを短期間に対象として実施することが実際上は困難であり、その必要性が高いと考えられる土地から優先順位を付けて行う必要もある。

　　そこで、表題部所有者不明土地に対する所有者等の探索について、利害関係人等に対して申立権を付与することとはされていない。

　　もっとも、一般国民から所有者等の探索について要望がある場合に、登記官がこのことを探索対象となる土地の選定に当たっての考慮要素とすることは妨げられていない。

帳に記載されていた当時の所有者を探索して特定した上で、その者を表題部所有者として登記することが考えられる。もっとも、調査の過程で現在の所有者を特定することができるのであれば、その者を表題部所有者として登記に反映することが合理的であると考えられるし、取得時効を認定することができる事案においては現在の所有者は特定できるものの過去の所有者の特定は困難であるといった場合も想定される。そのため、探索の対象となる所有者等の時的範囲については、過去から現在までを含むこととされている。

(3) 所有者等の探索対象の選定等

ア 所有者等の探索対象の選定方法

前記2(1)のとおり、登記官が所有者等の探索を行う表題部所有者不明土地を選定するに当たっては、その土地の利用の現況、周辺の地域の自然的社会的諸条件及び当該地域における他の表題部所有者不明土地の分布状況等を考慮することとされている（法3条1項）。

全国的に存在する表題部所有者不明土地を直ちに解消することは困難であることから、探索の対象となる土地の選定の運用に当たっては、地域の実情を知る地方公共団体からの要望等を踏まえ、これらの事情を考慮して表題部所有者不明土地を解消する地域をまず選定し、当該地域内に存在する表題部所有者不明土地の所有者等の探索を実施することにより、必要性・緊急性の高い探索作業を効率的に進めていくことが適当であると考えられる。

また、限られた人的資源を投入して行われる解消作業であることから、対象土地の選定過程の透明性及び公平性についても確保する必要がある。

そこで、選定基準通達【付録3】が発出されている。この通達によれば、各法務局又は地方法務局は、当分の間、地方公共団体等の要望を踏まえ、所有者等の探索の対象となる地域（基本的には、字を単位とする。）を選定することとされ、その選定に当たっては下記(ア)及び(イ)のとおり、一定の要素を考慮する旨の基準が設けられている。

考慮すべき要素は、下記のとおりである[4]。

① 地震等の自然災害等により大きな被害を受けたため、早急に復旧・復興作業等を行う必要があること

地震等の自然災害等により大きな被害を受けた地域については、復旧・復興事業のために用地取得などが行われる場合が多いところ、表題部所有者不明土地があると、その円滑な実施に支障を生じさせる要因となることから、このような地域については、所有者等の探索の必要性が高いと考えられる。

② 今後、地震等の自然災害が発生した場合に大きな被害を受ける可能性が高く、早急に防災・減災対策等を講じる必要がある地域であること

地震等の自然災害が発生した場合に大きな被害を受ける可能性が高い地域については、被害を最小限に抑えるとともに、被災後の復旧・復興事業を円滑に行うことができるよう、その用地を取得などする場合が多いところ、表題部所有者不明土地があると、その円滑な実施に支障を生じさせる要因となることから、このような地域については、所有者等の探索の必要性が高いと考えられる。

③ 地方公共団体においてまちづくりや森林の整備などの土地利用や土地の調査に関する計画を策定している地域であること

地方公共団体においてまちづくりや森林の整備などの土地利用に関する計画や地籍調査事業などの土地の調査に関する計画を策定している地域については、事業の実施や用地取得などの際に所有者の確認や同意取得、土地境界の確認などが行われる場合が多いところ、表題部所有者不明土地があると、事業の円滑な実施に支障を生じさせる要因となることから、このような地域については、所有者等の探索の必要性が高いと考えられる。

④ 地域コミュニティが衰退し、地域の実情を知る者が乏しくなるため、早

4　上記㈦に列挙された考慮要素以外の要素、例えば、自然環境や我が国領域等の保全を図る必要がある場合なども、各法務局又は地方法務局において訓令などで考慮要素として追加することは可能である。

期に所有者等の探索を行う必要がある地域であること

　地域コミュニティが衰退し、地域の実情を知る者が乏しくなるような地域については、表題部所有者不明土地を所有していた者や歴史的経緯を知る人物や関係する資料などが失われていくおそれが高く、所有者等の探索が今後ますます困難となると考えられることから、このような地域については、所有者等の探索の必要性が高いと考えられる。

⑤　分布状況

　字単位当たりの表題部所有者不明土地が多い地域であること

　表題部所有者不明土地が一定の地域内に多数存在する場合には、当該地域においてはこれをまとめて解消するのが合理的であると考えられる。

(イ)　優先度判定の基準

　上記(ア)の①から④の要素は土地の利用の現況及び自然的社会的諸条件に該当するものであるが、①から④の順に優先度が高いものとして対象地域の選定が行われる[5]。

　なお、③に該当する地域のうち、用途が指定されていない地域の優先度については、③と④の間に位置するものとされる。

　これらの要素に基づいて判定した結果、優先度の高さが同じ地域が複数存在する場合には、⑤に基づき表題部所有者不明土地が多く分布する地域から順に選定が行われる。

(ウ)　選定後の手続等

　地域の選定が終了すると、その選定過程の透明性を確保する観点から、法に基づく所有者等の探索を行う表題部所有者不明土地に係る公告とは別に、法務局又は地方法務局のホームページ等で選定された地域を明らかにすることが予定されている。

　登記官は、選定された対象地域の中から、所有者の探索を行う表題部所有者不明土地を個々具体的に選定することになる[6]。

5　地域の優先度判定に当たっては、地方公共団体等から、優先度判定に必要な考慮要素に係る事情や要望等を十分に聴取することが必要である。

イ　所有者等の探索対象とするのが適当でない場合

　所有者等の探索の対象から法律で明示的に除外されていない表題部所有者不明土地であっても、次のような場合には、所有者等の探索の対象とすることは適当でないと考えられ、実務上は、探索の対象外とすることが適切である。

　(ア)　公図と現況が著しく異なっている地図混乱地域内の土地や、登記されている土地を現地において確認することができない現地確認不能地については、その正確な位置を特定することができないが、そうすると、所有者等の探索を行っても登記の適正を図るなどの効果を十分に上げることはできないこととなる。そのため、そのような土地を探索の対象とする必要性は乏しいものと考えられる。

　(イ)　表題部所有者不明土地に関する権利関係について既に訴訟が係属しているときは、当事者間の訴訟によって紛争解決を図るのが相当であるから、あらかじめ訴訟が係属していることが判明している表題部所有者不明土地については、そもそも、所有者等の探索の対象とするのは適当でないものと考えられる（法17条参照）。

(4)　所有者等の探索の開始の手続

ア　立　　件

　表題部所有者不明土地について所有者等の特定をした後に登記官が法15条1項の規定により職権で行う表題部所有者の登記は、性質上、表示に関する登記（不登法2条3号）に該当することから、同項の規定による表題部所有者の登記の前提となる表題部所有者不明土地の所有者等の探索を開始しようとするときは、不登規則96条1項の規定に基づき、職権表示登記等事件簿に所要の事項を記録する必要がある。具体的には、登記官は、所有者等の探索

6　選定された対象地域に表題部所有者不明土地が多数存在する場合には、地方公共団体から聴取した要望等を踏まえて、表題部所有者不明土地の解消作業を行う必要性及び緊急性が高い土地（防災・減災対策等を講じる上で重要な土地であるとか、地方公共団体における具体的な利用予定がある土地など）を優先して探索の対象とすることが望ましい。

を開始しようとするときは、不登規則18条6号に規定する職権表示登記等事件簿に登記の目的、立件の年月日及び立件の際に付した番号（以下「立件番号」という。）並びに不動産所在事項を記録するものとされている（令和元年通達第2の2(1)）。さらに、所有者等の探索の進行管理に資するため、立件番号とは別に、その対象とする表題部所有者不明土地ごとに手続番号を付すとされている（規則1条2号）[7]。

イ 公 告

登記官は、所有者等の探索を開始しようとするときは、あらかじめ、次の事項を公告しなければならない（法3条2項）。

① 手続番号（規則2条2項1号）

② 表題部所有者不明土地に係る所在事項（土地の所在する市、区、郡、町、村及び字並びに地番をいう。以下同じ。）、地目及び地積（同項2号）

③ 表題部所有者不明土地の登記記録の表題部の所有者欄（不登規則別表1の第一欄に掲げる所有者欄をいう。）に記録されている事項（同項3号）

公告は、表題部所有者不明土地の所在地を管轄する登記所の掲示場等の登記所内の公衆の見やすい場所に掲示して行う方法又は法務局若しくは地方法務局のウェブサイトに掲載して行う方法により30日以上行うこととされている（規則2条1項）[8]、[9]。

この公告は、運用上は、利害関係人による意見等の提出についての公告（後記4）と併せて行うことが想定されている（令和元年通達第2の2(3)）。

(5) 所有者等の探索の中止

登記官は、表題部所有者不明土地に関する権利関係について訴訟が係属し

7　立件番号は、1年ごとに更新し、2万番台で付すなどして、他の職権による表示に関する登記及び地図その他の図面の訂正事件と明確に区別することができるようにするものとされている。

　　手続番号は、例えば、「第5100－2019－0001号」のような振り合いで、最初の4桁は各登記所に付与された庁名符号、次の4桁は立件した年の西暦、最後の4桁は立件番号の下4桁として、一意になるよう付番するものとされている。この番号は、所有者等の探索の開始の公告などの各種の公告、通知や所有者特定書等において、所有者等の探索手続を特定するための番号として用いられることとなる。

ているとき、その他相当でないと認めるときは、表題部所有者不明土地に係る所有者等の探索、所有者等の特定及び登記に係る手続を中止することができる（法17条）。

　相当でないと認められる場合としては、所有者等の探索の過程で、①公図と現況が著しく異なっている地図混乱地域内であることが判明した場合、②登記されている土地を現地において確認することができない現地確認不能地であることが判明した場合、③対象土地について所有権の保存の登記が申請され、その登記が実行された場合などが考えられる。

　所有者等の探索を中止したときは、登記官は、①手続番号、②表題部所有者不明土地に係る所在事項及び③手続を中止した旨を公告しなければならない（規則11条2項）[10]。

　この公告は、表題部所有者不明土地の所在地を管轄する登記所の掲示場その他登記所内の公衆の見やすい場所に掲示して行う方法又は法務局若しくは地方法務局のホームページに掲載する方法により、2週間行うこととされて

8　令和元年通達第2の2(2)では、上記の公告は、当面の間、掲示の方法によるものとされている。

　　他方で、利害関係人からの意見又は資料の提出を促すため、上記公告とは別に、公告の概要（公告事項から上記③を除いた事項）を法務局又は地方法務局のホームページに掲載する方法によって明らかにするものとし、この場合における掲載期間は、上記公告と同期間とされている。

　　これは、表題部所有者の氏名及び住所を法務局又は地方法務局のホームページに掲載することは、個人情報保護の観点からすると必ずしも好ましくないとの指摘もあり得ることを踏まえたものであり、当分の間、公告としては掲示の方法により行うこととしつつ、利害関係人からの意見又は資料の提出を促す必要があることに鑑み、法務局又は地方法務局のホームページに、所有者等の探索の開始の公告事項のうち、表題部所有者不明土地の登記記録の表題部の所有者欄に記録されている事項を除く事項を掲載することとされたものである。

9　公告期間については、規則2条1項において、30日以上とされているが、利害関係人が意見又は資料を提出する機会を可能な限り確保するという観点から、運用上は表題部所有者の登記をしようとするときの公告（法15条2項）又は所有者等の探索の中止の公告（法17条後段）をするまでの間とすることとされている（令和元年通達第2の2(2)）。

10　登記官は、所有者等の探索、所有者等の特定及び登記に係る手続を中止するときは、当該探索に係る職権表示登記等事件簿に中止の年月日、その旨及びその理由を記録するものとされている（令和元年通達第5の2）。中止の理由としては、その要点が簡潔に記されていれば足りる。

いる（規則11条1項において準用する規則2条1項)[11]。

　なお、所有者等の探索の中止をした場合において、その探索を再開するときは、新しい立件番号及び手続番号を付した上で、改めて所有者等の探索を開始する旨の公告（法3条2項）を行うことを要するものと考えられる。

3 所有者等の探索の管轄及び登記官の権限等

(1) 所有者等の探索の事務の管轄等

　表題部所有者不明土地の所有者等の探索の事務は、当該土地の所在地を管轄する登記所、すなわち、法務局・地方法務局の本局のほか、支局、出張所がつかさどる（不登法6条1項）。

(2) 所有者等の探索主体

ア　所有者等の探索を行う主体は、登記官である（法3条1項参照）。筆界特定の事務は、登記官のうち筆界特定登記官（登記官のうちから、法務局又は地方法務局の長が指定する者をいう。）が行うものとされているが（不登法125条）、所有者等の探索を行うべき登記官についてこのような限定は付されていない[12]。

イ　所有者等の探索を行う登記官について、除斥に関する規定は設けられていない。この点、不動産登記における登記官や筆界特定登記官について除

11　上記の公告についても、当面の間、掲示の方法によるものとされている。その上で、上記の公告とは別に、便宜、公告と同様の内容を法務局又は地方法務局のホームページに掲載する方法によって明らかにするものとされている（令和元年通達第5の3）。

12　登記所における事務は、不登法9条において登記官（登記所に勤務する法務事務官のうちから、法務局又は地方法務局の長が指定する者をいう。）が取り扱うこととされている。

　　したがって、探索の対象土地の所在を管轄しない登記所の登記官が、法に基づいて対象土地の所有者等の探索、所有者等の特定及び登記等を行うためには、当該登記官は、対象土地の所在地を管轄する登記所の登記官として、不登法9条の指定を受ける必要があるとともに、職務を指定することができる権限を有する者（国家公務員法（昭和22年法律第120号）上の任命権者）から、当該登記所に勤務することを命ぜられる必要がある。

斥に関する規定が設けられている（不登法10条、126条）のとは異なる。

　これは、表題部所有者不明土地は、そもそも所有者が不明な土地であり、この所有者と一定の関係にあることなどを除斥事由として定めるのが困難であることによる。

　もっとも、所有者等の探索の過程で、対象土地に係る関係者と登記官との間に一定の関係があることが判明した場合には、当然ながら、公平性の観点などを踏まえ、当該登記官には当該対象土地の探索を担当させないなどの運用上の措置を講ずる必要がある。

(3)　登記官による調査

ア　登記官の調査権限

　登記官は、表題部所有者不明土地の所有者等の探索のため、①表題部所有者不明土地又はその周辺の地域に所在する土地の実地調査をすること、②表題部所有者不明土地の所有者、占有者その他の関係者からその知っている事実を聴取し又は資料の提出を求めること、③その他表題部所有者不明土地の所有者等の探索のために必要な調査をすることができる（法５条）。

　登記官は、職権で表示に関する登記をしようとする場合において、当該不動産の表示に関する事項を調査する権限を有するが（不登法29条）、表題部所有者不明土地の所有者等の探索の場面では、当該表題部所有者不明土地に限らず、それ以外の関連する土地を調査することで所有者等の発見の端緒が得られる場合があることから、このような規定が設けられたものである。

イ　立入調査

　㋐　法務局又は地方法務局の長は、登記官が表題部所有者不明土地又はその周辺の地域に所在する土地の実地調査をする場合において、必要があると認めるときは、その必要の限度において、登記官に、他人の土地に立ち入らせることができる（法６条１項）。土地の占有者は、正当な理由がない限り、上記の立入りを拒み、又は妨げてはならない（同条５項）。

　　　実地調査に当たっては、例えば、対象となる表題部所有者不明土地やその隣地上の石碑等が存在し、そこに刻まれた情報等を確認する必要が

ある場合に、それらの土地に立入りをして調査をするといったことがあり得るため、このような規定が設けられたものである。

　もっとも、登記官には、立入調査の相手方の抵抗を排して強制的に土地に立ち入る権限までは付与されていないため、登記官は、立入調査を拒否する者に対しては、立入調査の必要性、後記の罰則の対象となり得ることなどについて説明を尽くすなどして協力を求めることになる[13]。

　立入調査の実効性を確保するため、土地の占有者が正当な理由なく、登記官による立入りを拒み、又は妨げた場合には、30万円以下の罰金に処することとされている（法34条）。また、法人の代表者又は法人若しくは人の代理人、使用人その他の従業者が、その法人又は人の業務に関し、法34条の違反行為をしたときは、行為者を罰するほか、その法人又は人に対しても、同条の刑を科することとされている（法35条）。

(イ)　立入調査について、占有者等の権利を保護するために、以下の規定が設けられている。

①　法務局又は地方法務局の長は、登記官を他人の土地に立ち入らせようとするときは、あらかじめ、その旨並びにその日時及び場所を当該土地の占有者に通知しなければならない（法6条2項）。

　ここでいう占有者とは直接占有者をいうと解され、当該占有者が立入りについて同意しているとき又は占有者が不明であるときは通知を要しないと解される。

　この通知は、文書又は口頭のいずれの方法によっても良いと考えられる。通知には、法6条2項に規定する事項のほか、立入りを行う者の職氏名及び実施する調査の概要を併せて示すものとされている（令和元年通達第2の2(4)ウ(イ)）。

②　宅地又は垣、柵等で囲まれた他人の占有する土地に立ち入ろうとする登記官は、その立入りの際、あらかじめ、その旨を当該土地の占有者に告げなければならない（法6条3項）[14]。

13　それでもなお立入調査を拒否された場合には、実際上、その経緯を記録した調書を作成した上で、立入調査を断念せざるを得ないこととなると考えられる。

この告知は、立入調査を実施する際、立ち入る前の段階において、口頭で占有者に行えば足り、宅地以外の土地については、垣や柵等で囲まれていない部分に立ち入るときは、占有者への告知は要しない。

③　日出前及び日没後においては、土地の占有者の承諾があった場合を除き、立入調査をすることはできない（法6条4項）。

④　所有者等探索委員は、立入調査をする場合には、身分証明書を携帯し、関係者の請求があったときは、これを掲示しなければならない（法6条6項）。

⑤　国は、立入調査によって損失を受けた者に対し、通常生ずべき損失を補償しなければならない（法6条7項）。なお、損失を受けた者と国との間で損失補償額について合意が成立しない場合には、行政事件訴訟法4条の公法上の法律関係に関する訴訟として、国を被告として損失補償請求訴訟を提起することができると考えられる。

ウ　調査の嘱託

　　登記官は、表題部所有者不明土地の関係者が遠隔の地に居住しているとき、その他相当と認めるときは、他の登記所の登記官に法5条の調査を嘱託することができる（法7条）[15]。

　　実効性のある関係者への聴取の実現や調査の嘱託を受けた登記官の負担の軽減を図るため、調査の嘱託をする登記官は、調査嘱託書に個別具体的に調査事項を示す必要がある。例えば、関係者への聴取を嘱託する場合には、当該関係者の氏名及び住所並びに調査事項を具体的に明らかにすることが望ましい。

　　嘱託を受けた登記官が調査をしたときは、その調査の結果を記録した調書を作成し、嘱託をした登記官に送付しなければならない（規則4条）[16]。

14　「宅地」に該当するかは、登記記録上の地目ではなく、現況が宅地に当たるかどうかで判断することになると考えられる。

15　調査の嘱託は、それぞれの法務局又は地方法務局の本局等を経由せずに、他の登記所の登記官宛てに直接行うことができると考えられる。

エ　関係地方公共団体等に対する情報提供の求め

　登記官は、表題部所有者不明土地の所有者等の探索のために必要な限度
で、関係地方公共団体の長その他の者に対し、表題部所有者不明土地の所有
者等に関する情報の提供を求めることができる（法8条）[17]。

　提供を求めることが想定される情報の例としては、関係行政機関や地方公
共団体が管理する戸除籍謄本や住民票の写し、各種台帳（固定資産課税台帳、
農地台帳、道路台帳及び墓地台帳等）のほか、土地の所有や使用状況等に関す
る経緯が記載された各種の文献等が挙げられる。また、表題部所有者不明土
地の中には、地方公共団体が所有するものもあり得ることから、関係地方公
共団体の長に対して所有関係についての認識を確認することも考えられ
る[18]。

4　利害関係人による意見等の提出

　法3条2項の公告があったときは、利害関係人は、登記官に対し、表題部

16　調書を作成した登記官は、当該調書の写しを雑書つづり込み帳（不登規則18条34号）
　　につづり込んで保存しておくこととなると考えられ、さらに調書の送付を受けた登記官
　　は、登記事務日記帳（同条26号）に所要の記録をし、当該調書の内容を踏まえ、所有者
　　等の探索を進めることとなる。そして、送付を受けた調書は、法15条1項の規定に基づ
　　く登記が完了した後に、所有者特定書等つづり込み帳につづり込むこととなると考えら
　　れる。

17　情報の提供の求めを受けた関係地方公共団体の長等がその求めを拒絶した場合におけ
　　る法的な制裁を定めた規定はない。所有者等の探索の実効性を確保するため、情報の提
　　供の必要性等を丁寧に説明して協力を求めることが期待される。

18　登記官が住民票の写しの提供を求めた場合において、住民票に記載された者が住民基
　　本台帳事務におけるドメスティック・バイオレンス、ストーカー行為等、児童虐待及び
　　これらに準ずる被害者保護の支援措置対象者（以下「DV等支援措置対象者」という。）
　　であるかどうかが地方公共団体からの回答において明示される。DV等支援措置対象者
　　に該当する場合においては、回答に係る文書（DV等支援措置対象者回答書及びこれに
　　係る住民票の写し）については、所有者特定書等つづり込み帳につづり込むことになる
　　が、閲覧請求があった場合に誤って閲覧に供されることがないように配慮が求められる
　　（「配偶者からの暴力の防止及び被害者の保護等に関する法律第1条第2項に規定する被
　　害者が登記義務者又は登記権利者とならないが、添付情報に当該被害者の現住所が記載
　　されている場合における閲覧の方法について」（平成27年3月31日付け法務省民二第198
　　号法務省民事局民事第二課長通知）参照）。

所有者不明土地の所有者等について、意見又は資料を提出することができる（法4条前段）。

　この意見又は資料の提出は、書面又は電磁的記録をもってするものとされている（規則3条1項）[19]。

　所有者等の探索に当たっては、事情をよく知る者から資料等を提出してもらうことが有益であり、また、これらの者の手続保障を図る必要もあることから、ここにいう利害関係人は、表題部所有者不明土地の所有者等の特定について広く利害関係を有する者を含むと解される。例えば、対象の表題部所有者不明土地に関して権利を主張する者や現に当該土地を占有する者のほか、当該土地における公共事業を実施し、又は実施を予定している官公署もこれに当たると考えられる。

　円滑かつ効率的な手続進行のため、登記官が、意見又は資料を提出すべき相当の期間を定め、かつ、その旨を公告したときは、利害関係人は、その期間内に意見又は資料を提出しなければならない（法4条後段）。

　この公告は、所有者等の探索の開始の公告（前記2⑷イ参照）と同様の方法によりすることができ、運用上は、原則として所有者等の探索の開始の公告と併せて行うことが想定されている（令和元年通達第2の2⑶）。

19　登記官は、利害関係人から資料の原本及び当該資料を複写したもの（以下「複写資料」という。）が提出された場合において、複写資料を返還する必要がないときは、資料の原本と複写資料とを照合した上で、資料の原本を返還することとなる。

　登記官は、利害関係人から資料の原本の提出を受けた場合には、所有者等の探索をするための調査に必要な期間、当該原本を留め置くことができると考えられる。調査終了後は、原本を提出した利害関係人に当該原本を返還し、所有者特定書等つづり込み帳（規則14条1項）の目録に「令和○年○月○日、原本還付」と記載する。

　複写資料は、法15条1項の規定による登記が完了した後に、所有者特定書等つづり込み帳につづり込むこととなる。

　利害関係人から資料の原本のみが提出され、当該原本の返却は不要である旨の申出があった場合には、登記官は、当該資料を登記が完了した後に、所有者特定書等つづり込み帳につづり込むこととなる。

　また、利害関係人から複写資料のみが提出された場合において、登記官は、必要があると認めるときは、資料の原本の提示を求めることができ（法5条）、当該原本の提示を受け、複写資料と照合した場合には、所有者特定書等つづり込み帳の目録に「令和○年○月○日、原本と相違ないことを確認」と記載すれば足りる。これは、原本を複写した電磁的記録が資料として提出された場合も同様である。

5　所有者等探索委員による調査

(1)　所有者等探索委員制度の創設

　表題部所有者不明土地の中には、当該土地の所在する地域についての歴史的文献の調査や近隣住民からの聴取などを行い、収集した資料等から認められる事情を総合しなければその調査及び所有者等の特定が困難なケースも存すると考えられる。このようなケースにおいては、登記官だけでなく、所有者等の探索のための調査に当たって必要な知識及び経験を有する者の知見を活用することが適当であり、また、これにより調査結果の正確性や信頼性の向上を図ることもできると考えられる。

　そこで、職務を行うのに必要な知識及び経験を有する者から任命された委員に、必要な調査を行わせ、登記官の調査を補充する所有者等探索委員制度が創設された（法第1章第2節）。

(2)　所有者等探索委員による調査

ア　所有者等探索委員の任命等

　所有者等探索委員は、表題部所有者不明土地の所有者等の探索のために必要な調査を行い、登記官に意見を提出することを職務として、法務局及び地方法務局に置かれる非常勤の国家公務員であり（法9条1項・5項）、法務局又は地方法務局ごとに、上記職務を行うのに必要な知識及び経験を有する者のうちから、法務局又は地方法務局の長によって任命され（同条2項）、任期は2年で（同条3項）再任されることができる（同条4項）[20]、[21]。

　所有者等探索委員として任命されることが想定される者としては、弁護士、司法書士又は土地家屋調査士等の関係する知見を有する資格者を挙げることができる。このほか、過去に地方公共団体等において用地取得を担当し、表題部所有者不明土地の所有者等の探索を行った経験を有するその元職員や、地域の土地にまつわる慣習等に詳しい歴史・文化の研究者等を挙げることができる[22]。

　所有者等探索委員が①心身の故障のため職務の執行に堪えないと認められ

るとき、又は②職務上の義務違反その他所有者等探索委員たるに適しない非行があると認められるときは、法務局又は地方法務局の長は、その所有者等探索委員を解任することができる（法10条）。

　なお、所有者等探索委員は、その職を辞任することができると解される。

イ　所有者等探索委員による調査

　登記官は、所有者等の探索を行う場合に、必要があると認めるときは、必要な調査をさせることができ（法11条１項）、この際、法務局又は地方法務局の長が調査を行うべき所有者等探索委員を指定する（同条２項）。

　指定される所有者等探索委員の数に限定はなく、複数の所有者等探索委員を指定することもできる。この場合には、所有者等探索委員は、必要な調査を共同して行うが、必要に応じて、行うべき調査の内容を分担することもできると考えられる。

　所有者等探索委員による調査の「必要があると認めるとき」とは、登記官のみの調査では所有者等の探索が困難である場合を指す。具体的には、所有者等の探索が類型的に困難であると考えられる記名共有地や字持地を対象とする場合、取得時効の成否についての判断が必要となる場合のほか、これらに該当しない場合であっても、所有者等の探索に困難を伴うことが予想され

20　所有者等探索委員は、表題部所有者不明土地の所有者等の探索のために必要な調査を行うに際して、様々な個人のプライバシーに関わる事項を取り扱うことになる。

　所有者等探索委員は、守秘義務を負う法務局及び地方法務局に置かれた非常勤の国家公務員であるから、職務上知ることができた秘密について、国家公務員法100条に基づく守秘義務を負い、これは、所有者等探索委員でなくなった後においても同様である。

　法令による証人や鑑定人等となり、職務上の秘密に属する事項を発表するには、任命を受けた法務局又は地方法務局の長の許可が必要である。（同条２項）。

21　所有者等探索委員として再任されなかったときは、任期の終了と同時に所有者等探索委員としての資格を失うため、現に担当している手続があれば、登記官に対し、その求めに応じて、調査の経過等について報告するとともに、調査に当たって収集した資料を提出する必要がある（規則５条）。

22　法９条２項の規定に基づく所有者等探索委員の任命に際しては、弁護士、司法書士又は土地家屋調査士を任命する場合には弁護士会、司法書士会又は土地家屋調査士会に対して候補者の推薦を依頼することが想定されている（令和元年通達第３の１(5)）。これら以外の者を任命する場合には、市区町村長に対して候補者の推薦を依頼することが想定されているが、もとより、個々の事案の探索上の必要があれば、推薦を得ることなく任命をすることは可能である。

る場合や、調査の過程で困難を伴うことが判明した場合などについては、専門的な知見を有する所有者等探索委員による調査を行うのが適当と言えるから、「必要があると認めるとき」に該当すると考えられる。所有者等探索委員による調査を行うことが探索の進捗において有益であると認められる場合も含まれ得る。

　登記官による所有者等の探索の場合と同様の理由（前記3(2)イ）から、所有者等探索委員の除斥に関する規定は設けられていないが、例えば、所有者等の探索の過程で、所有者等探索委員について、以下の(ア)から(ウ)のいずれかの場合に該当することが判明したときは、公平性の観点から、当該所有者等探索委員については、当該対象土地に係る指定を取り消すのが相当である（令和元年通達第3の3(4)）。

(ア)　所有者等探索委員が指定に係る表題部所有者不明土地の所有者又は所有権以外の権利を有する者である場合

(イ)　所有者等探索委員が(ア)の配偶者又は四親等内の親族（配偶者又は四親等内の親族であった者を含む。(ウ)において同じ。）である場合

(ウ)　所有者等探索委員が(ア)に掲げる者の代理人若しくは代表者（代理人又は代表者であった者を含む。）又はその配偶者若しくは四親等内の親族である場合

ウ　所有者等探索委員の有する調査権限

　所有者等探索委員は、表題部所有者不明土地の所有者等を探索するために必要な事実の調査をし、その意見を提出することを任務としており、そのために必要な調査権限として、登記官と同様の調査権限（実地調査や立入調査等の権限）が与えられている（法12条において準用する法5条及び6条）。

　ただし、法8条の規定に基づき関係地方公共団体の長その他の者に対して情報の提供を求めることはできない。情報の提供を求める必要がある場合には、所有者等探索委員は、登記官に対して情報の提供の求めをするように依頼し、登記官が関係地方公共団体の長に対して情報の提供を求めることとなる。

　なお、非常勤である所有者等探索委員の円滑な職務遂行を実現するため、

法務局又は地方法務局の長は、その職員に、所有者等探索委員の調査を補助させることができる（法11条3項）。

エ　所有者等探索委員の調査の報告

　所有者等の特定に関する登記官の判断は、所有者等探索委員が指定された場合には、当該所有者等探索委員の意見を踏まえた上でされるものと考えられる。

　このため、登記官は、所有者等探索委員の調査の進行を管理する観点から、当該調査の進捗状況を把握する必要があるほか、提出された意見の内容や当否を判断するため、当該所有者等探索委員が行った調査の結果や詳細な内容を把握する必要もあると考えられる。

　そこで、登記官は、所有者等探索委員に対し、調査の経過又は結果その他必要な事項について報告を求めることができることとされている（規則5条）。

オ　所有者等探索委員の意見の提出

　所有者等探索委員は、必要な調査を終了したときは、遅滞なく、登記官に対し、その意見を提出しなければならない（法13条）。登記官は、その意見も踏まえて、所有者等の特定の可否等を判断する必要があるが、当該意見に拘束されるものではない。

　所有者等探索委員による意見の提出は、書面又は電磁的記録をもってするものとされている（規則6条）。これは、所有者等探索委員の意見の正確性を担保するとともに、登記官による所有者等の特定に当たって参考とされることを踏まえ、所有者等探索委員が登記官に口頭で意見を提出することはできないことを明らかにしたものと考えられる。

　所有者等探索委員の意見は、当該所有者等探索委員の有する知見を活かして所有者等を調査した結果であり、当該調査の結果及びその結果に至った理由並びに事実認定をした根拠などが整理して示されているものでなければならない。

　このため、意見には、①手続番号、②表題部所有者不明土地に係る所在事項、③所有者等の調査結果及びその理由、④意見提出の年月日、⑤作成者の

職氏名、⑥所有者等の特定に当たり参考とした資料を記載又は記録すること
とされている（令和元年通達第3の5(2)）[23]。

　所有者等探索委員による調査は、登記官による所有者の特定の判断の参考
となるものであることから、その調査又は意見の正確性を確保するため、登
記官は、所有者等探索委員から意見の提出があった場合には、遅滞なく、そ
の内容を確認した上で調査又は意見の補充の要否を判断し、必要に応じ、所
有者等探索委員に対し、これを指示するのが相当と考えられる（令和元年通
達第3の5(4)）。

　この補充の指示を受けた所有者等探索委員は、必要に応じ、再度調査を
行ったり、意見の内容について検討・判断の追加・変更等を行ったりした上
で、修正後の意見を再度提出することとなると考えられる。

6 具体的な調査の在り方

(1) 調査手順

　所有者等を探索するに当たっては、所有者等の特定に必要となる資料を入
手する必要があるが、当該資料は、登記官が所有者等の認定をする際に十分
な心証を形成することができるものでなければならない（法14条参照）。

　しかしながら、昭和35年の登記簿と土地台帳・家屋台帳の一元化作業の開
始から約60年が経過していることから、対象土地の所有者等を直接的に証明
する資料を入手することは容易でないと考えられる。そのため、登記官及び
所有者等探索委員において、探索のために必要な資料を的確に把握し、これ
を入手することが重要である。

23　所有者等探索委員については、一筆の土地に複数の者が指定されることもあり得る
　が、この場合において、2以上の所有者等探索委員の意見が一致する場合には、共同で
　1つの意見を提出して差し支えないものと考えられる。また、個々の事案によっては、
　ある所有者等探索委員については所有者等の探索の全体ではなく、その一部についての
　み調査を指示することもあり得る（例えば、取得時効の成否という法律問題についての
　み、弁護士である所有者等探索委員に調査を命じた場合など）。この場合には、その指
　示を受けた所有者等探索委員は、当然ながら、その事項についてのみ意見を提出すれば
　足りる。

所有者等の探索は、①物件の特定、②資料調査、③実地調査及び④調査結果の検証の各段階に分けることができる（必ずしも①から④までの順序で行われるものではない。また、これらが同時並行的に行われることもある。）。

　表題部所有者不明土地及び周辺の土地の現況を確認することは所有者等の特定について参考となる情報を把握するために有益であるから、登記官は、その必要がないと認めたときを除き、実地調査を行わなければならないと考えられる（不登規則93条参照）。

　そして、実地調査の実効性を確保するため、登記官は、まずは登記所の内部で収集した資料や、利害関係人から提出された意見又は資料に基づき調査を行い、その結果に基づいて実地調査の要否を判断するとともに、実地調査において重点的に調査すべき事項など、実地調査の方針をあらかじめ検討するのが相当と考えられる。

　なお、調査の結果、そもそも物件を特定することができなかった場合（現地確認不能地である場合）には、登記官は、表題部所有者不明土地に係る所有者等の探索を中止することとなる（法17条）。

　所有者等の探索の方法は、個々の事案によって異なるものであるが、表題部所有者不明土地の各類型に応じて参考となる資料及び典型的な方法を整理すると、おおむね以下のとおりとなるものと考えられる。

ア　各類型に応じて参考となる資料

　㋐　共通する資料

《登記所の内部にある資料》

①　土地関係

　登記事項証明書、閉鎖登記簿謄本、旧土地台帳の写し

②　建物関係

　登記事項証明書、閉鎖登記簿謄本、旧家屋台帳の写し

③　地図関係

　地図の写し、閉鎖公図の写し、和紙公図の写し、住宅地図、分筆申告図の写し

《登記所の外部にある資料》

地籍調査票（国土調査実施区域内にある場合）、固定資産課税台帳の写し

　　㈣　地目の種類に応じて参考になる資料

① 「田」又は「畑」の場合

　農地台帳、農地基本台帳、農家台帳、耕作者名簿

② 「山林」の場合

　林地台帳、林地台帳地図

③ 「墓地」の場合

　墓地台帳、神社・寺院などが保有する個別帳や過去帳

④ 「用悪水路」又は「ため池」

　農業用排水施設を管理する行政等が保有する水利権者の情報、土地改良区又は水利組合で保管されている台帳

イ　探索の典型的な方法

　　㈎　氏名のみの土地

《類型》

① 「甲」（氏名のみが記録されているもの）

② 「（番地）甲」（所在の記録はないが地番と考えられるもの）

③ 「（小字）甲」（小字と考えられる地名が記録されているもの）

④ 「甲、乙」（共有者の氏名のみが記録されているもの）

⑤ 「２分の１甲、２分の１乙」（共有者の氏名に加え、持分が記録されているもの）

⑥ 「株式会社丙」（会社名のみが記録されているもの）

⑦ 「丁寺」（宗教法人とうかがわれる名称のみが記録されているもの）

《探索方法の一例》

　氏名のみの土地については、周辺土地の旧土地台帳や閉鎖登記簿、対象土地や周辺土地の各種台帳（固定資産課税台帳、農地台帳又は墓地台帳等）等に、氏名のみの土地の所有者として記録された者と同姓同名の者又はその親族の可能性がある者が記載されていて、かつ、その者の住所も記載されていることが少なくない。この住所の記載を端緒として、戸除籍謄本や住民票の写し等により上記の者やその親族関係等を調査することが有益である。

また、記載されている名称から法人であることがうかがわれる場合にも、閉鎖登記簿等を調査することが有益であるが、法人の各根拠法の経緯などを踏まえることが必要と考えられる[24]。

　このような調査を踏まえて実地調査を行い、現況の確認（例えば、対象土地上にある墓石の表示の確認）や対象土地の占有者や近隣住民等からの事情聴取等によって所有者等の探索を行うことになると考えられる。

㈠　記名共有地

《類型》

① 「甲外 7 名」（「外」が「他」と表記されている場合もある。）

② 「乙外100名」（他の共有者が多数存在するもの）

③ 「（住所）丙外10名」（丙の住所の全部又は一部が記録されているもの）

《探索方法の一例》

　記名共有地は、実際には、当該土地を複数人が共有していたと認定されるケースがあるほか、地縁団体などの法人でない社団に帰属すると認定されることも多いと考えられる。したがって、「甲外 7 名」の「甲」について特定することができたとしても、実際には法人でない社団等に帰属する土地であり、結果として表題部所有者として登記すべき者を特定することができない場合もあり得ることに注意する必要がある（誤ってこれを通常共有であると判断することのないように注意を払う必要がある。）。

　記名共有地の調査に当たっては、戸除籍謄本や閉鎖登記簿のほか、「外何名」の氏名等が記載された書類（共有者連名簿）が市町村に残されていないかどうかの確認、歴史資料館に保存されている地籍帳などの歴史的文献といった客観的資料の検討を踏まえて実地調査を行い、近隣住民や近隣の地縁団体からの事情聴取等によって所有者等の探索を行うことになると考えられる。

㈡　字　持　地

《類型》

① 「字○○」（小字と考えられる名称が記録されているもの。ただし、市制町村制の施行前に存在した名称のものも存在する。）

24 例えば、「Ａ寺」が表題部所有者として登記されている土地について、表題部所有者である「Ａ寺」と現存する宗教法人「Ａ寺」との同一性の検討に当たり、宗教法人法施行前から存する宗教団体の法令上の取扱いが問題となる。その概略は以下のとおりである。

Ⅰ 宗教団体法（昭和14年法律第77号）施行前において統一的な宗教関係法令は存在しなかった。明治12年の内務省達（明治12年6月28日内務省達乙第31号明細張製式ノ件）により、寺院及び神社について一定の様式による明細帳が調製され、寺院及び神社は当該明細帳に登録されることとなった。

Ⅱ 昭和15年4月1日に宗教団体法（昭和14年法律第77号）が施行されたことにより、教派及び教団並びに教会は法人となることができ、寺院は法人格を有することとされ（同法2条）、法人たる宗教団体は登記することとされた（同法13条）。なお、宗教団体法施行の際に存する教派又は宗派については宗教団体法により設立を認可された法人でない教派又は宗派とみなされ、寺院明細帳に登録されていた寺院については宗教団体法により設立を認可された寺院とみなされた（同法32条）。なお、神社については、国家神道として国家の統制下に置かれていたため、宗教団体法には規定されなかった。

Ⅲ 昭和20年12月28日に宗教法人令（昭和20年勅令第719号）が施行されたことにより、神道教派、仏教宗派及び基督教その他の宗教の教団並びに寺院及び協会は、法人（宗教法人）となることができ（同令1条）、宗教法人は必要な登記をすべきこととされた（同令5条、17条）。また、同令施行の際に現に存する法人たる教派、宗派、及び教団並びに寺院及び教会は宗教法人とみなされることとされた（同令附則2項）。なお、神社については、昭和21年勅令第70号（以下「改正勅令」という。）により、上記と同様の規定が宗教法人令に設けられ、改正勅令施行の際に現に地方長官の保管に係る神社明細帳に記載された神社について同令による宗教法人とみなすこととされ、当該宗教法人が改正勅令の施行日から6か月以内に地方長官に届出をしないときは、当該宗教法人はその期間満了時に解散したものとみなされることとされた（改正勅令附則2項から4項まで）。

Ⅳ 昭和26年4月3日に宗教法人法（昭和26年法律第126号）が施行された。同法の施行の際に現に存する宗教法人令の規定による宗教法人（宗教法人令に基づき設立された宗教法人及び宗教法人令により宗教法人とみなされたものをいう。）は、次のように取り扱うこととされた。

① 当該宗教法人は、宗教法人法施行後も、宗教法人令の規定による宗教法人（旧宗教法人）として存続することができる（宗教法人法附則3項）。

② 旧宗教法人は、宗教法人法中の宗教法人の設立に関する規定に従い、規則を作成し、その規則について所轄庁の認証を受け、設立の登記をすることによって、宗教法人法の規定による宗教法人（新宗教法人）となることができる（宗教法人法附則5項）。

③ 旧宗教法人は、新宗教法人となろうとするときは、宗教法人法施行の日から1年6か月以内に、規則の認証の申請をしなければならない（宗教法人法附則15項）。

④ 旧宗教法人は、上記③の期間内に認証の申請をしなかった場合又は当該認証の申請をしたがその認証を受けることができなかった場合においては、解散する（宗教法人法附則17項）。

⑤ 旧宗教法人が新宗教法人となったときは、その設立の登記をした日において、当該旧宗教法人は解散し、その権利義務は、新宗教法人が承継する（宗教法人法附則18項）。

② 「村中持」(「むらじゅうもち」と呼ばれるもの)

③ 「○○組」(地区の名称や小字の名称が記録されているもの)

④ 「○○村持」(現存する村名や市制町村制の施行に伴ういわゆる明治の大合併などで合併された村名などが記録されたもの)

《探索方法の一例》

　字持地は、その歴史的な経緯を踏まえると、地方自治法上の財産区[25]、旧町内会[26]又は法人でない社団等に帰属すると認定されることが多いと考えられる。

　そのため、字持地の調査に当たっては、市町村の財産管理台帳への登載の有無や、歴史資料館に保存されている地籍帳などの歴史的文献といった客観的資料の検討を踏まえて実地調査を行い、対象土地の占有者や近隣住民から事情を聴取する等して所有者等の探索を行うことになると考えられる。

ウ　取得時効を主張する者がいる場合

　所有者等の探索の過程で対象土地の所有権の取得時効を主張する者が現れた場合、登記官は、その者が取得時効の要件(民法162条)を満たしているか否かを判断することになる。

　具体的には、その者が対象土地を占有するに至った原因及びその時期並びに占有期間等を明らかにする資料の提出を求め、その者や近隣の住民等から事情を聴取するなどの調査を行うことになる[27]。

　取得時効の援用に関しては、取得時効を主張する者が対象土地について所

25　財産区とは、地方自治法(昭和22年法律第67号)294条1項の規定により、市町村及び特別区の一部が財産を有し又は公の施設を設けるものをいう。一般に、明治22年の市制町村制施行の際に認められたものを旧財産区といい、市制町村制施行後の廃置分合又は境界変更の際の財産処分の協議により設けられたものを新財産区という。

26　戦前の住民組織である旧町内会について、昭和18年法律第81号による町村制の改正により法人となったものが所有していた土地がある。昭和20年勅令第542号ポツダム宣言の受諾に伴い発する命令に関する件に基づく町内会部落会又はその連合会等に関する解散、就職禁止その他の行為の制限に関する政令(昭和22年政令第15号)により、旧町内会は、昭和22年5月31日までに解散をしなければならず、清算の手続に移ることとなった(同政令6条)。旧町内会は清算の範囲内において、その結了まで存続する。残余財産は、規約若しくは契約の定め又は構成員の多数をもって議決したところに従い処分される。当該政令の施行後2月以内にこの処分がされない場合において、その財産は、その2月の期間満了の日に市区町村に帰属する(同政令2条)。

有権の取得時効を援用する旨を記載した陳述書等を登記官に提出させ、援用
の意思が確定的であることを明らかにさせるなどした上で、時効援用の意思
表示があったものと取り扱うことになると考えられる。

7 登記官による所有者等の特定及び表題部所有者の登記

(1) 所有者等の特定及び表題部所有者として登記すべき者の特定

ア　登記官は、表題部所有者不明土地について、表題部所有者の登記を行う
　前提として、探索により得られた各種の情報の内容その他の事情を考慮し
　て、表題部所有者として登記すべき者の特定について判断をする必要があ
　る。

　　この判断に当たっては、具体的には、旧土地台帳に記載された当時の所
　有者の特定をまずは目指すことになる。その上で、調査の過程で、過去か
　ら現在に至るまでの所有者の全部又は一部を特定することができた場合に
　は、これらの者のうちから、表題部所有者として登記することが適当であ
　る者を特定する。

　　他方で、所有者等を探索しても過去から現在に至るまで全く特定するこ
　とができず、表題部所有者として登記すべき者をおよそ特定することがで
　きないこともあり得る。

　　さらに、所有者等を特定することはできたものの、表題部所有者不明土
　地が法人でない社団等に属する場合など、不動産登記手続上の制約等によ
　りそのまま表題部所有者として登記することができないこともあり得
　る[28]。

　このように、表題部所有者不明土地の所有者の判断結果は事案ごとに分か
れることになるものの、登記官は、探索の結果を総合的に考慮して、当該探
索に係る表題部所有者不明土地が以下の(ア)から(ウ)までのいずれの場合に該当

27　取得時効の認定については、高度な事実認定や法的判断を伴うことが多いことから、
　事務処理の適正を図るべく、原則として、法律的素養のある者（弁護士等）を所有者等
　探索委員として指定し、その意見を得ることが望ましいと考えられる。

するかの判断をする（法14条1項）。

　まず、表題部所有者不明土地がそもそも単有であった場合には(ｱ)（同項1号）又は(ｲ)（同項2号）のいずれかに該当し、共有であった場合には全ての持分についての「表題部所有者として登記すべき者」が判明しているときは(ｱ)（同項1号）に、一部のみが判明しているときは(ｳ)（同項3号）に、全ての共有持分について判明していないときは(ｲ)（同項2号）に該当する。

(ｱ)　当該表題部所有者不明土地の表題部所有者として登記すべき者があるとき（当該表題部所有者不明土地が数人の共有に属する場合にあっては、全ての共有持分について表題部所有者として登記すべき者があるとき。）（同項1号）。

(ｲ)　当該表題部所有者不明土地の表題部所有者として登記すべき者がないとき（当該表題部所有者不明土地が数人の共有に属する場合にあっては、全ての共有持分について表題部所有者として登記すべき者がないとき。）（同項

28　法人でない社団等の不動産は、構成員全員に総有的に帰属するものとされている（最判昭和39年10月15日民集18巻8号1671頁等参照）ため、本来であれば、構成員全員の名で登記することとなるが、実際上は、構成員は変動するため、これに困難を伴うこともある。

　他方で、虚無の法人でない社団等の名義の登記を防止するため、表題部所有者又は登記名義人となる者は、権利能力を有する者に限られており（不登令20条2号参照）、法人でない社団等は、これを的確に公示・公証する制度がない。そのため、法人でない社団等の名義で登記をすることはできない（最判昭和47年6月2日民集26巻5号957頁参照）。

　もっとも、当該法人でない社団等の規約によって財産を代表者名義とする定めがある場合には、法人でない社団等の代表者が個人名義で登記することが許されると解されている。これは、「本来、社団構成員の総有に属する不動産は、右構成員全員のために信託的に社団代表者個人の所有とされるものであるから、代表者は、右の趣旨における受託者たる地位において右不動産につき自己の名義をもって登記をすることができるものと解すべきであ」るからである（前掲最判昭和47年6月2日）。したがって、この場合における当該代表者は、法人でない社団等からの信託的に所有権を取得した承継人であり、「所有者等」に該当することになると解される。

　登記官が職権で所有者等を探索した場合において、表題部所有者不明土地が法人でない社団に帰属していることは判明したものの、受託者たる地位にある代表者がないときは、表題部所有者として登記する者がいないこととなる。

　なお、表題部所有者不明土地の中には、このような法人でない社団に属するものが相当数含まれると見込まれており、村落共同体が失われた結果、構成員の所在が全く判明しないケースも実際に生じ得るものと考えられる。

2号)。

(ウ) 当該表題部所有者不明土地が数人の共有に属する場合において、表題部所有者として登記すべき者がない共有持分があるとき（(イ)の場合を除く。）（同項3号）。

次に、(ア)又は(ウ)に該当する場合にあっては、表題部所有者として登記すべき者（表題部所有者不明土地の所有者等のうち、表題部所有者として登記することが適当である者をいう。以下同じ。）の氏名又は名称及び住所の特定についても判断をする（法14条1項柱書の括弧書き部分）。なお、「表題部所有者として登記すべき者」については、所有者等の特定ができなかった場合には、これに該当する者はないことになる。他方で、特定することができた所有者等が一人であればこれを「表題部所有者として登記すべき者」とすることになるが、これが複数存在するときには、その中で表題部所有者として登記することが適当である者を「表題部所有者として登記すべき者」とする[29]。

もっとも、特定することができた所有者等が法人でない社団等に属する場合には、当該法人でない社団等をそのまま表題部所有者として登記することはできないから、これを「表題部所有者として登記すべき者」とすることはできず、その代表者（この者も原則として承継人の地位にあり、所有者等に該当するものと解される。）をもって「表題部所有者として登記すべき者」と扱うことになる。

加えて、当該表題部所有者不明土地が数人の共有に属し、かつ、その共有持分の特定をすることができるときは、当該共有持分（割合）についても特定する必要がある（同項柱書後段）。

イ　登記官は、所有者等の探索に係る表題部所有者不明土地が前記ア(イ)又は

---

[29] 表題部所有者不明土地の所有者等には、過去に所有者であった者も含まれることから、当該土地の所有権が現に帰属している自然人又は法人のみならず、所有権が帰属していた自然人又は法人も含まれる。したがって、旧土地台帳に記載された当時から現在に至る全ての所有者を表題部所有者不明土地の所有者等として特定することもあり得る。この場合には、これらの所有者等のうちから、表題部所有者として登記することが適当である者を特定することになる（基本的には、特定することができた中で最も新しい時点（それが現在であれば現在）の所有者や共有者を特定するのが適当である。）。

(ウ)のいずれかに該当する場合、すなわち、表題部所有者として登記すべき者がない旨の判断をした場合においては、下記の①又は②のいずれの事由に基づいてそのような判断をしたのかについて判断をする（同項柱書前段・4号）。

① 当該表題部所有者不明土地（当該表題部所有者不明土地が数人の共有に属する場合にあっては、その共有持分。②において同じ。）の所有者等を特定することができなかったこと（同項4号イ）。

② 当該表題部所有者不明土地の所有者等を特定することができた場合であって、当該表題部所有者不明土地が法人でない社団等に属するとき又は法人でない社団等に属していたとき（当該法人でない社団等以外の所有者等に属するときを除く。）において、表題部所有者として登記すべき者を特定することができないこと（同号ロ）。

　なお、このうち②は当該表題部所有者不明土地が法人でない社団等であるAに現に属すると判断されるが、Aの代表者が不明であることなどから表題部所有者として登記すべき者を特定することができないという事例（以下「事例ⅰ」という。）と、当該表題部所有者不明土地が法人でない社団等であるBに過去に属していたことは特定することができたが、それが現在誰に属するのかの特定が困難（真偽不明）であり、かつ、当該法人でない社団等Bの代表者も不明であることなどからBに帰属することを前提としても表題部所有者として登記すべき者を特定することができないという事例（以下「事例ⅱ」という。）とがある。

　なお、事例ⅱに関して、現在の所有者がCであると判明しているというケース（Cが法人でない社団等である場合を含む。）については、Cを表題部所有者として登記すればよく、②から除外されている（Cが法人でない社団等で、Cの代表者も不明であるときは、事例ⅰに該当すると整理することになる。）。したがって、事例ⅱに該当するのは、表題部所有者不明土地が現在誰に属するのかの特定が困難（真偽不明）な場合に限られる。

ウ　所有者等の探索においては、表題登記がされた当時の所有者が特定されたが、その者が死亡している場合には、登記官はその相続人（相続人も

「所有者等」に該当する。）を探索することとなるが、相続人が多数に上る場合などはその特定に多大な労力を要することも考えられる。そのため、このような場合については、網羅的な相続関係の調査までは行わず、当時の所有者を表題部所有者として登記するにとどめるのが相当である（なお、この過程で把握した法定相続人の情報については、所有者特定書に記載しておくことが考えられる。）。

(2) 所有者特定書

登記官が前記の判断をしたときは、その調査結果及び判断過程を明らかにするとともに、後日紛争が生じた場合に備えるため、以下の事項を記載又は記録した書面又は電磁的記録（所有者特定書）を作成しなければならない（法14条2項、規則1条3号、7条1項)[30]。

ア 手続番号

イ 表題部所有者不明土地に係る所在事項

ウ 結論

表題部所有者として登記すべき者に該当すると判断した者が死亡している場合にあっては、公的資料で判明する限度で、表題部所有者として登記すべき者に係る法定相続人情報を記録することができる。

エ 理由

オ 所有者等探索委員の意見が提出されている場合には、その旨

カ 作成の年月日

所有者特定書に記載され、又は記録された情報は、永久に保存される（規則13条1項）。後記(3)のとおり、所有者特定書は所有者特定書等つづり

---

[30] 所有者特定書は、電磁的記録をもって作成することもできるが（法14条2項）、運用上は、当分の間、書面をもって作成することとされている（令和元年通達第4の1(5)）。
　所有者特定書が書面をもって作成されているときは、登記官は、所有者特定書に職氏名を記載し、職員を押印しなければならず（規則7条2項）、当該書面に記載された情報の保存は、当該情報の内容を記録した電磁的記録を保存する方法によってされることとなる（規則13条2項）。当該情報を不登法121条2項に基づいて閲覧する場合には、当該電磁的記録に記録された情報の内容を書面に出力して表示する方法を採ることになる（不登規則202条2項）。

込み帳につづり込まれることになる。

所有者特定書の例

所有者特定書

手続番号　第　　　　　号　　《規則7条1項1号》
対象土地　A市B　丁目　番　　《規則7条1項2号》

　上記対象土地について、次のとおり、表題部所有者として登記すべき者に関する判断を行う。
　なお、所有者等探索委員○○○○から別添のとおり意見が提出されている。　　　　　　　　　　　　　　　　　《規則7条1項5号》
　　　　　　　　　　　　　　結　　論　《規則7条1項3号》
　表題部所有者として登記すべき者を、次のとおりとする。
住　　　所
氏　　　名
　　　　　　　　　　　　　理　　由　《規則7条1項4号》
第1　対象土地の沿革
　1　旧土地台帳の記載事項
　2　登記簿の記録事項
　3　……

第2　表題部所有者として登記すべき者の判断に関する資料等の調査結果
　1　対象土地等の所在地を管轄する登記所に保存されている資料
　2　官公署に保存されている資料等
　3　対象土地の関係人に対する調査
　4　……

第3　対象土地の実地調査の結果
　1　対象土地の位置の特定
　2　対象土地の現況等
　3　……

第4　登記官の判断
　1　資料に基づく所有者等の特定
　2　占有状況等に基づく所有者等の特定

```
┌─────────────────────────────────────────────────────────────────┐
│  3  利害関係人からの意見又は資料の提供                            │
│  4  結語                                                          │
│                                                                   │
│         令和●年●月●日      《規則7条1項6号》                   │
│         Ａ法務局Ｃ支局                                            │
│         登記官  登 記 官  ○○  登記官印                          │
│                              《規則7条2項》                       │
└─────────────────────────────────────────────────────────────────┘
```

※以下の所有者特定書の例を後記「所有者特定書の例」に添付（90頁以下）
　例1　氏名のみの土地　過去の所有者を特定
　例2　氏名のみの土地（宗教法人）　現在の所有者を特定
　例3　氏名のみの土地　登記すべき者がない
　例4　字持地　市を特定
　例5　字持地　登記すべき者がない
　例6　記名共有地　登記すべき者がない

(3)　所有者特定書等つづり込み帳

　登記所には、所有者特定書等つづり込み帳を備え付けるものとされている（規則14条1項）。所有者特定書等つづり込み帳には、不登規則19条の規定にかかわらず、関係地方公共団体の長その他の者への照会書の写し、提出された資料、書面をもって作成された所有者特定書（所有者特定書が電磁的記録をもって作成されている場合にあっては、その内容を書面に出力したもの）その他の所有者等の探索、所有者等の特定及び登記に係る手続に関する書類をつづり込むものとすることとされている（規則14条2項）[31]。

　所有者特定書等つづり込み帳の保存期間は、作成の年の翌年から30年間である（同条3項）。

　所有者特定書等つづり込み帳につづり込まれている書類は、登記簿の附属書類として保管されることになり、不登法121条2項の規定により、誰でも

---

[31]　所有者等の探索を中止した場合において、当該中止をするまでに収集した資料や中止をする契機となった書面などがあるときは、当該資料等は「その他の所有者等の探索、所有者等の特定及び登記に係る手続に関する書類」に含まれるから、所有者特定書等つづり込み帳につづり込むことが相当である。

閲覧をすることができるが、閲覧が可能な範囲は請求人が利害関係を有する部分に限られることになる。例えば、当該表題部所有者不明土地について所有権を主張する者は、利害関係が認められて閲覧をすることが可能であると考えられる[32]。

また、所有者等の探索の対象となる地域選定の要望主体である地方公共団体等も、閲覧について利害関係を有すると考えられる。

(4) 所有者等の特定を踏まえた表題部所有者登記

登記官は、所有者等の特定をしたときは、職権で、遅滞なく、表題部所有者の登記を抹消しなければならない（法15条1項柱書前段）。なお、複数の共有者の氏名のみが登記されているケースにおいて、その一部の共有者が特定された場合にあっても、必要な範囲で一部の共有者のみを抹消して記載を改めるといったことにはされていない。当初から登記されている共有者と新たに登記された共有者とが混在し、どのような経緯に基づいて表題部所有者の登記が改められたのかが不分明となるなど、公示上問題があると考えられたことによる。

表題部所有者の登記の抹消をする場合には、登記官は、表題部所有者に関する登記事項（不登法27条3号）の特例として、その表題部に次に掲げる事項を登記するものとされている（以下「所有者等の特定を踏まえた表題部所有者登記」という。）（法15条1項柱書後段）。

① 法14条1項1号に掲げる場合（表題部所有者として登記すべき者が全て特定されたケースである。前記7(1)ア(ア)参照）は、当該表題部所有者として登

32　閲覧には利害関係がある理由を証する書面の提示が必要となる（不登規則193条3項）が、令和2年通達第3においては、利害関係がある者とその者の利害関係を証する情報が以下のとおり例示されている。
　1　表題部所有者として登記された者　本人であることを証する情報
　2　1の相続人その他の一般承継人　相続その他の一般承継により当該表題部所有者の地位を承継したことを証する情報
　3　特定不能土地等管理命令等の申立てをする利害関係人　当該利害関係を証する情報
　4　所有者等特定不能土地の所有権を主張する者　所有者等特定不能土地の所有権を主張していることを証する情報
　5　特定不能土地等管理者等　本人であることを証する情報

記すべき者の氏名又は名称及び住所（共有持分の特定をしたときはその共有持分（割合）を含む。）が登記される（法15条1項1号）。

登記記録例

表題部所有者として登記すべき者があるとき（本人）（第15条第1項第1号）

所　有　者	法務太郎
	甲市乙町一丁目1番　法務太郎
	手続番号　第5100－2020－0001号
	令和元年法律第15号第15条の規定により令和2年2月1日登記

表題部所有者として登記すべき者があるとき（過去の所有者）（第15条第1項第1号）

所　有　者	法務太郎
	甲市乙町一丁目1番　法務太郎〔昭和○年○月○日当時〕
	手続番号　第5100－2020－0002号
	令和元年法律第15号第15条の規定により令和2年2月1日登記

表題部所有者として登記すべき者があるとき（法人でない社団等）（第15条第1項第1号）

所　有　者	法務太郎
	甲市乙町二丁目1番　人権　守〔法人でない社団（又は財団）代表者（又は管理者）〕
	手続番号　第5100－2020－0003号
	令和元年法律第15号第15条の規定により令和2年2月1日登記

② 法14条1項2号に掲げる場合（表題部所有者不明土地の表題部所有者として登記すべき者が全く存しないときである。前記7⑴ア(イ)参照）は、その旨（共有持分の特定をしたときはその共有持分（割合）を含む。）が登記される（法15条1項2号）。

　さらに、この場合には、次の事項が登記される。

(ア) 当該表題部所有者不明土地（当該表題部所有者不明土地が数人の共有に属する場合にあっては、その共有持分。(イ)において同じ。）の所有者等を特定することができなかったときは、その旨（同項4号イ）

(イ) 当該表題部所有者不明土地の所有者等を特定することができた場合であって、当該表題部所有者不明土地が法人でない社団等に属するとき又は法人でない社団等に属していたとき（当該法人でない社団等以外の所有者等に属するときを除く。）において、表題部所有者として登記すべき者を特定することができないときは、その旨（同号ロ）

登記記録例

表題部所有者として登記すべき者がないとき（第15条第1項第2号）
所有者等を特定することができないとき（第15条第1項第4号イ）

所 有 者	法務太郎
	表題部所有者として登記すべき者がない〔令和元年法律第15号第14条第1項第4号イ〕
	手続番号　第5100－2020－0004号
	令和元年法律第15号第15条の規定により令和2年2月1日登記

法人でない社団等に属し、又は属していた場合であって、表題部所有者として登記すべき者を特定することができないとき（第15条第1項第4号ロ）

所 有 者	法務太郎
	表題部所有者として登記すべき者がない〔令和元年法律第15号第14条第1項第4号ロ〕
	手続番号　第5100－2020－0005号
	令和元年法律第15号第15条の規定により令和2年2月1日登記

③　法14条1項3号に掲げる場合（数人の共有に属する表題部所有者不明土地の共有持分のうちの一部について表題部所有者として登記すべき者がないときである。前記7⑴ア㋒参照）は、表題部所有者不明土地の表題部所有者として登記すべき者がある共有持分についてはその者の氏名又は名称及び住所、表題部所有者として登記すべき者がない共有持分についてはその旨（いずれも共有持分の特定をしたときはその共有持分を含む。）が登記され、表題部所有者として登記すべき者がない共有持分については、その旨及び前記②㋐及び㋑と同様の事項が登記される（法15条1項3号・4号）。

登記記録例

数人の共有に属する場合において、表題部所有者として登記すべき者がないとき（第15条第1項第3号）
所有者等を特定することができないとき（第15条第1項第4号イ）

所　有　者	法務太郎　訟務一郎
	甲市乙町一丁目99番　持分2分の1　法務太郎〔昭和○年○月○日当時〕
	持分2分の1　表題部所有者として記録すべき者がない〔令和元年法律第15号第14条第1項第4号イ〕
	手続番号　第5100−2020−0006号
	令和元年法律第15号第15条の規定により令和2年2月1日登記

数人の共有に属する場合において、表題部所有者として登記すべき者がないとき（第15条第1項第3号）
法人でない社団等に属し、又は属していた場合であって、表題部所有者として登記すべき者を特定することができないとき（第15条第1項第4号ロ）

所　有　者	法務太郎　訟務一郎
	甲市乙町一丁目99番　持分2分の1　法務太郎〔昭和○年○月○日当時〕
	持分2分の1　表題部所有者として記録すべき者がない〔令和元年法律第15号第14条第1項第4号ロ〕
	手続番号　第5100−2020−0007号
	令和元年法律第15号第15条の規定により令和2年2月1日登記

　なお、所有者等の特定を踏まえた表題部所有者登記についての是正の手続については、後記第5章を参照。

(5)　所有者等の特定を踏まえた表題部所有者登記の前後の公告

　登記官は、所有者等の特定を踏まえた表題部所有者登記をしようとするときは、あらかじめ、その旨及び登記内容の主要な事項等を公告しなければならない（法15条2項、規則8条2項）。

　所有者等の特定を踏まえた表題部所有者登記がされることの効果を踏まえ、対象土地について探索が行われ、登記がされようとする段階であることを公示し、手続の透明性を高めようとするものである。

　この公告は、表題部所有者不明土地の所在地を管轄する登記所の掲示場その他登記所内の公衆の見やすい場所に掲示して行う方法又は法務局若しくは地方法務局のホームページに掲載する方法により、2週間行うこととされている（規則8条1項において準用する規則2条1項）。

　この公告の後、登記官は、所有者等の特定を踏まえた表題部所有者登記を

するが、その後、遅滞なく、その旨、手続番号及び当該登記がある土地に係る所在事項を公告しなければならない（法16条、規則10条）。

　この公告も、表題部所有者不明土地の所在地を管轄する登記所の掲示場その他登記所内の公衆の見やすい場所に掲示して行う方法又は法務局若しくは地方法務局のホームページに掲載する方法により、2週間行うこととされている（規則10条1項において準用する規則2条1項）[33]。

33　登記前の公告は、個人情報の保護への配慮から、当分の間は掲示の方法によるものとされ、上記公告とは別に、公告の概要（当該表題部所有者不明土地の登記記録の表題部の所有者欄に記録されている事項並びに規則8条2項各号に定める事項のうち、当該表題部所有者不明土地の表題部所有者として登記すべき者（自然人である場合に限る。）の氏名及び住所並びに法14条1項後段の規定による特定をした場合にあっては当該表題部所有者不明土地が数人の共有に属していた場合におけるその共有持分を除いた事項をいう。）を法務局又は地方法務局のホームページに掲載する方法によって明らかにすることとされている（令和元年通達第4の2(1)）。
　　他方で、登記後の公告については、その公告事項の内容に鑑み、掲示とホームページ掲載の両方の方法により行うこととされている（令和元年通達第4の2(3)）。

第 **3** 章

所有者等
特定不能土地の管理

1 特定不能土地等管理命令制度の創設

(1) 趣　　旨

　表題部所有者不明土地については、登記官が所有者等の探索を行ってもな
おその所有者等を特定することができない場合（一部の共有持分について所有
者等を特定することができない場合を含む。）が生じ得る。しかし、旧土地台帳
と不動産登記簿との一元化作業を開始した昭和35年から見ても約60年が経過
していることや、関係資料は将来に向かって散逸する一方であることを考慮
すると、このような所有者等の特定が困難であった表題部所有者不明土地に
ついては、今後も所有者等を特定することができないままの状態が続く蓋然
性が極めて高いと考えられる。

　その一方で、所有者等を特定することができなければ、表題部所有者不明
土地について管理処分権者を欠く状態が続き、土地の適正な管理等に関して
著しい支障を生ずるおそれがある。およそ所有者等の特定が困難であるケー
スについては、そもそも所有者が法人であるか自然人であるかも判明しない
こともあり、不在者財産管理制度や相続財産管理制度など、特定の自然人の
存在を前提とした財産管理制度の利用は困難である。

　そこで、このような土地（後記(2)の所有者等特定不能土地）の管理を目的と
する特定不能土地等管理命令の制度が創設された。

(2) 所有者等特定不能土地

　所有者等特定不能土地とは、「表題部所有者不明土地（当該表題部所有者不
明土地が数人の共有に属する場合にあっては、その共有持分）の所有者等を特定
することができなかった旨の登記（法15条1項4号イに定める登記。前記第2
章7(4)②(ア)参照）がある表題部所有者不明土地（表題部所有者不明土地の共有
持分について当該登記がされている場合にあっては、その共有持分）」をいう（法
2条3項）。

　なお、表題部所有者不明土地の共有持分のうちの一部について上記の登記
がされている場合には、その登記がされた共有持分の部分のみを所有者等特

定不能土地といい、当該一筆の土地全体を指すものではないことに注意を要する。

(3) 特定不能土地等管理命令の要件

裁判所は、所有者等特定不能土地について、必要があると認めるときは、利害関係人の申立てにより、その申立てに係る所有者等特定不能土地を対象として、特定不能土地等管理者による管理を命ずる処分（以下「特定不能土地等管理命令」という。）をすることができる（法19条1項）[1]。

ア　対象となる土地

対象となる土地は、所有者等特定不能土地であり、法15条1項4号イに定める登記があることが申立ての形式的要件とされている。表題部所有者不明土地が共有に属し、その一部の共有持分に係る所有者等を特定することができなかったケース[2]においては、当該共有持分について法15条1項4号イに定める登記がされるが、この場合には、その共有持分を対象として特定不能土地等管理命令が発令される。

1　民法等の一部を改正する法律（令和3年法律第24号）により、新たに所有者を知ることができず、又はその所在を知ることができない土地を対象とする「所有者不明土地管理命令」の制度が設けられた（同法による改正後の民法（以下「改正後の民法」という。）264条の2以下。施行日は令和5年4月1日）。
　　この所有者不明土地管理命令と法に基づく管理命令（特定不能土地等管理命令又は特定社団等帰属土地等管理命令）との適用関係については、民法等の一部を改正する法律による改正後の法32条1項において次のとおり規定されている。
① 　所有者等特定不能土地及び特定社団等帰属土地のうち、所有者等の特定を踏まえた表題部所有者登記がされたものについては、法に基づく管理命令を適用すれば足りることから、改正後の民法264条の2から264条の7までの所有者不明土地管理命令の規律は、適用を除外することとされている。
② 　これに対し、所有者等の特定を踏まえた表題部所有者登記がされる前に所有者不明土地管理命令が発せられた土地については、既に所有者不明土地管理命令による管理が開始しており、それによる管理を引き続き継続すべきであるから、改正後の民法264条の2から264条の7までの規定の適用を除外することとはしていない。なお、表題部所有者不明土地について所有者不明土地管理命令が発せられたとしても、登記官による所有者等の探索が妨げられるものではない。探索の結果、当該表題部所有者不明土地の所有者等が特定され、現在の所有者及びその所在を知ることができることとなったときは、当該所有者不明土地管理命令は取り消されることになると考えられる（民法等の一部を改正する法律による改正後の非訟法90条10項及び11項）。

イ 「必要があると認めるとき」

　法19条1項の「必要があると認めるとき」とは、当該所有者等特定不能土地について、広く管理の必要があると裁判所が認めるときをいう。「管理」とあるがここでは広い意味での「管理」を指しており、次の例に示すように、「処分」をも含む概念である。

　例えば、①所有者等特定不能土地に生育している樹木について、越境する枝等の切除をしたい隣地所有者等が、その切除について同意を得ようとするときや、②民間事業者や公共事業等の実施主体が、所有者等特定不能土地を買収して事業を実施するため、売買契約を締結しようとするとき、③所有者等特定不能土地について所有権の時効取得をしたと主張する者が訴訟を提起しようとする場合において、その被告となるべき者として特定不能土地等管理者を選任し、訴訟の相手方としたいときなどがこれに該当する。

ウ 利害関係人の申立て

　特定不能土地等管理命令を創設した趣旨が登記官による探索を行ってもなお所有者等を特定することができなかった土地の適正な管理等を可能とする点にあることから、法19条1項の特定不能土地等管理命令の「利害関係人」とは、所有者等特定不能土地の管理・処分について利害関係を有する者を広く指すものである。具体的には、所有者等特定不能土地の近隣に居住してお

2　例えば、表題部の所有者欄に「A外7名」と記録された記名共有地について、所有者等の探索の結果、数人の共有に属していたことは判明し、「A」については特定することができたものの、「外7名」については特定することができなかったケースが想定される（共有者の合計は8名）。このようなケースにおいて、各人の持分割合が不明であるときは、各共有者の持分は、相等しいものと推定される（民法250条）ことから、表題部の所有者欄の「A外7名」との記録を抹消し、「A」に帰属する持分8分の1については氏名又は名称及び住所が登記される一方、「外7名」に帰属する持分8分の7については、表題部所有者として登記すべき者がない旨及びその事由として所有者等を特定することができなかった旨が登記されることになる（法15条1項3号・4号イ）。この場合においては、「外7名」に係る共有持分が「所有者等特定不能土地」に該当し、特定不能土地等管理命令の対象となる（法2条3項、19条1項）。
　また、表題部所有者不明土地のうち甲持分は所有者等特定不能土地に該当し、乙持分は特定社団等帰属土地に該当するケースにおいては、甲持分について所有者等特定不能土地管理命令を、乙持分については特定社団等帰属土地等管理命令を発令することになる。

り、その管理不全を原因として悪影響を被っている者や、所有者等特定不能土地を買収して開発を行おうとする地方公共団体や民間事業者のほか、所有者等特定不能土地について時効取得を主張しようとする者などを含むものと考えられる[3]。

⑷　特定不能土地等管理命令に関する事件

ア　非訟事件

特定不能土地等管理命令に関する事件は、非訟事件として取り扱われる。したがって、この事件の手続については非訟法が適用される。

イ　非訟事件手続の特例

法は、特定不能土地等管理命令に関する事件の特殊性から、非訟事件手続について次の特例を設けている。

⑺　非訟法40条は、検察官が公益の代表者として、非訟事件について意見を述べ、その手続の期日に立ち会うことができること（同条1項）、そのような機会を実効あらしめるため、裁判所は、非訟事件が係属したこと、及びその手続の期日を通知すること（同条2項）を定めているが、この法律に関する非訟事件には、検察官が公益の代表者として関与するのが相当であると認められるものはないと考えられることから、この規定を適用しないものとしている（法32条）。

⑷　非訟法57条2項2号は、終局決定の裁判書に理由の要旨を記載しなければならないことを定めているが、この法律の規定による非訟事件については、事件類型に応じて理由を付すべき旨を個別に定めていることから、この規定を適用しないものとしている（法32条）[4]。

3　表題部所有者不明土地が共有に属したものと認定され、かつ、特定された共有者の一人（の相続人）が特定をすることができなかった共有持分（所有者等特定不能土地）について、当該土地の適正な管理・処分のため、特定不能土地等管理者を選任したいというケース（注2の「A外7名」のケースで言えば、8分の1の共有持分を有するA（の相続人）が残りの8分の7の共有持分について特定不能土地等管理者を選任したいケース）についても、当該特定された共有者の一人（の相続人）は所有者等特定不能土地の管理・処分について利害関係を有すると言え、「利害関係人」に含まれると考えられる。

ウ　最高裁判所規則

　特定不能土地等管理命令に関する非訟事件の手続に関し必要な事項は、この法律に定めるもののほか、最高裁判所規則で定めるものとされている（法33条）。

　これを受けて、会社非訟事件等手続規則（平成18年最高裁判所規則第1号。以下「会社非訟規則」という。）において、申立書の記載事項、添付書類及び登記の嘱託等について、必要な事項が定められている（会社非訟規則44条の2）。

　民法等の一部を改正する法律の施行に伴い、「共有に関する非訟事件及び土地等の管理に関する非訟事件に関する手続規則（令和4年最高裁判所規則第13号。以下「新規則」という。）」が定められた（施行日は令和5年4月1日）。新規則においては、改正後の民法第2編第3章第3節から第5節まで（共有、所有者不明土地管理命令、所有者不明建物管理命令、管理不全土地管理命令及び管理不全建物管理命令）の規定による非訟手続のほか、法の規定による非訟事件の手続に関する必要な事項が定められることとなった。これにより、法の規定による非訟事件の手続については、新規則の規定が適用され、会社非訟規則44条の2は削除されることとなる（新規則附則2項）。以後の記載においては、会社非訟規則に対応する新非訟規則の条項を【　】内に併記することとする。

(5)　申立手続等
ア　管　　轄

　特定不能土地等管理命令は、一定の要件を満たした表題部所有者不明土地を対象として発令されるものであることから、その事件の土地管轄は、当該

4　理由を付すべき旨の定めがあるものは以下のとおりである。なお、理由の要旨ではなく、理由を記載する必要がある。
　①　特定不能土地等管理命令の申立てを却下する裁判（法19条2項）
　②　特定不能土地等管理者の要許可行為の許可の申立てを却下する裁判（法21条5項）
　③　特定不能土地等管理者の辞任の許可の申立てを却下する裁判（法25条3項）
　④　特定不能土地等管理者の解任の申立てについての裁判（法26条3項）

表題部所有者不明土地の所在地を基本に構成するのが適当であると考えられる。

　そこで、特定不能土地等管理命令に関する事件は、表題部所有者不明土地の所在地を管轄する地方裁判所の特定不能土地等管理命令の管轄に属するものとされている（法31条）。

イ　申立手続

　申立ては書面でしなければならない（会社非訟規則44条の２第１項において準用する会社非訟規則１条【新規則１条】）。

　この書面（以下「申立書」という。）には、会社非訟規則44条の２第１項において準用する会社非訟規則２条１項【新規則16条において準用する新規則９条１項】に規定する事項を記載しなければならない[5]。

　申立書には、所有者等特定不能土地の登記事項証明書を添付しなければならない（会社非訟規則44条の２第１項において準用する会社非訟規則３条１項【新規則16条において準用する新規則10条１項】）。

　また、申立人は、裁判所に対し、次の書面を提出することとされている（会社非訟規則44条の２第２項【新規則16条において準用する新規則11条１項】）。

①　所有者等特定不能土地に係る不登法14条１項の地図又は同条４項の地図に準ずる図面の写し（当該地図又は地図に準ずる図面が電磁的記録に記録されているときは、当該記録された情報の内容を証明した書面）

②　所有者等特定不能土地の所在地に至るまでの通常の経路及び方法を記載

5　申立書には、①当事者の氏名又は名称及び住所（法定代理人がある場合には、これに加え、その氏名及び住所）のほか、②代理人（法定代理人を除く。）の氏名及び住所、③申立てを理由づける具体的な事実ごとの証拠、④事件の表示、⑤附属書類の表示、⑥申立年月日、⑦裁判所の表示、⑧申立人又は代理人の郵便番号及び電話番号（ファクシミリの番号を含む。）、⑨その他裁判所が定める事項を記載した上で、申立人又は代理人が記名押印するものとされている（会社非訟規則44条の２第１項において準用する会社非訟規則２条１項・２項【新規則16条において準用する新規則９条１項・２項】）。なお、会社非訟規則においては、申立ての対象となる所有者等特定不能土地については、請求の趣旨で特定されることになるが、新規則においては、⑩所有者等特定不能土地又は特定社団等帰属土地の表示、⑪前記⑩の土地の所有者の氏名又は名称及び住所並びに法定代理人の氏名及び住所が記載事項とされている【新規則16条において準用する新規則９条１項２号・２項２号】。

した図面

③ 申立人が所有者等特定不能土地の現況の調査又は評価をした場合におい
て当該調査の結果又は評価を記載した文書を保有するときは、その文書

加えて、申立てを理由づける事実についての証拠書類があるときは、その
写しを申立書に添付しなければならない（非訟事件手続規則（平成24年最高裁
判所規則第7号）37条3項）。

裁判所は、申立てをした者又はしようとする者に対し、申立書及び当該添
付すべき書類のほか、申立てを理由づける事実に関する資料、所有者等特定
不能土地に関する資料その他手続の円滑な進行を図るために必要な資料の提
出を求めることができる（会社非訟規則44条の2第1項において準用する会社
非訟規則4条【新規則2条】）。

ウ　申立手数料等

申立手数料は、1件1000円である（民事訴訟費用等に関する法律（昭和46年
法律第40号）3条1項、別表第一16の項イ）。

これに加えて、所有者等特定不能土地等から特定不能土地等管理者の報酬
及び管理費用を賄うことができないことが予想される場合には、申立人にお
いて予納金を納付する必要がある[6]。

6　予納金の納付がない場合
　　申立て時において、所有者等特定不能土地等から特定不能土地等管理者の報酬・費用
　を支出することができないことが明らかであり、かつ、これらを支弁するに足りる予納
　金の納付もないことがあり得る。このようなケースについては、特定不能土地等管理命
　令を発令しても「管理を継続することが相当でなくなった」ものとして直ちに法29条1
　項の規定により取り消さざるを得ないが、そうであるとすれば、そもそも特定不能土地
　等管理命令を発令する必要性を欠くのであり、裁判所はこれを理由に申立てを却下する
　ことができるものと考えられる。
　　また、特定不能土地等管理命令の発令後、所有者等特定不能土地等から特定不能土地
　等管理者の報酬・費用を支出することができなくなった場合において、申立人から報
　酬・費用の追加の予納がされないときは、やはり「管理を継続することが相当でなく
　なった」ものとして、裁判所は法29条1項の規定により特定不能土地等管理命令を取り
　消すことになるものと考えられる。

⑹ 特定不能土地等管理命令に関する事件についての裁判

ア 特定不能土地等管理命令の発令

裁判所は、申立てを相当と認める場合、その申立てに係る所有者等特定不能土地を対象として、特定不能土地等管理命令を発するとともに、当該特定不能土地等管理命令において、特定不能土地等管理者を選任しなければならない（法19条1項、20条1項）（後記2⑴参照）。

イ 申立ての却下

裁判所は、申立てが特定不能土地等管理命令の要件（前記⑶）を満たさないときは、その申立てを却下することになるが、申立てを却下する裁判には、理由を付さなければならない（法19条2項）。

ウ 裁判の告知

終局決定は、申立人及び利害関係参加人並びにこれらの者以外の裁判を受ける者に対し、相当と認める方法で告知しなければならない（非訟法56条1項）。

特定不能土地等管理命令の裁判は申立人及び特定不能土地等管理者に告知し、申立てを却下する裁判は申立人に告知することになると考えられる[7]。

エ 特定不能土地等管理命令の変更・取消し

特定不能土地等管理命令を発令した後であっても、裁判所は、職権で、これを変更し、又は取り消すことができる（法19条3項）。

特定不能土地等管理命令の変更の例としては、①表題部所有者不明土地の複数の所有者等に係る共有持分について管理命令が発せられていたところ、一部の所有者等を特定することができたために管理命令の対象となる

---

[7] 特定不能土地等管理命令の裁判は、所有者等特定不能土地の所有者が判明していない場合には、真の所有者に告知をすることを要しないと考えられる。

そして、特定不能土地等管理命令に対しては利害関係人に限り即時抗告ができる（法19条4項）が、即時抗告をすることができる利害関係人が裁判の告知を受ける者ではない場合には、申立人が裁判の告知を受けた日から即時抗告期間が進行する（非訟法67条3項）。そのため、所有者等特定不能土地の真の所有者が判明していない場合には、即時抗告期間は、裁判の告知を受ける者ではない当該所有者との関係でも、申立人が裁判の告知を受けた日から進行することになると考えられる。

共有持分を変更する場合（令和2年通達第1の2⑵及び第2の2も参照）、②特定不能土地等管理者の人数を事後的に増やす旨の変更をする場合などが考えられる[8]。

　また、特定不能土地等管理命令の取消しに関しては、法29条1項及び2項において、より具体的な要件が明記された規定が設けられているが、これに該当しない場合であっても、例えば、当初から発令要件を欠いていたのに特定不能土地等管理命令を発令したことが事後的に判明した場合には、裁判所は、法19条3項に基づいて、職権で、特定不能土地等管理命令を取り消すことができると考えられる。

オ　特定不能土地等管理命令及びその変更又は取消しの決定に対して、利害関係人は、即時抗告をすることができる（法19条4項。非訟法66条1項の特例）。ただし、特定不能土地等管理命令の申立てを却下する裁判に対しては、申立人に限り、即時抗告をすることができる（非訟法66条2項）。

　ここにいう「利害関係人」は、法19条1項の「利害関係人」とは具体的な範囲が異なり得るものであり、命令及び決定の内容に基づいて定まることになる[9]。

⑺　価値転化物である金銭等を対象とする特定不能土地等管理命令

　特定不能土地等管理命令は、特定不能土地等管理命令が発令された後に当該特定不能土地等管理命令が取り消された場合において、所有者等特定不能土地の管理、処分その他の事由により特定不能土地等管理者が得た財産（例えば、特定不能土地等管理者により売却された所有者等特定不能土地の価値転化物である売却代金等）について、必要があるときにも、発令することができ

8　この場合、裁判所書記官は、法20条3項及び4項に準じて、特定不能土地等管理命令の登記について管理者の追加選任の登記等の嘱託をすることになると考えられる。
9　利害関係人に該当する例として、次のような者が考えられる。
・特定不能土地等管理命令に対する即時抗告：申立人以外に所有者等特定不能土地の所有権を主張する者
・特定不能土地等管理命令の取消しの決定に対する即時抗告：特定不能土地等管理命令の申立人

る（法19条 5 項)[10]。

　例えば、特定不能土地等管理者が所有者等特定不能土地を売却して代金を
受領し、これを供託した上で（法28条 1 項）、管理すべき財産がなくなったと
して特定不能土地等管理命令の取消しがされた場合（法29条 1 項）において、
その後、その買主が土壌汚染があったことを理由に契約不適合責任に基づく
損害賠償請求をしようとすることがあり得る。この際は、改めて特定不能土
地等管理者の選任を受けた上でその支払を求める必要が生ずるが、土地の所
有権は買主に移転しているため、所有者等特定不能土地を対象として特定不
能土地等管理命令を発令することはできず、その価値転化物である金銭等を
対象として発令する必要があるため、このような規定が設けられている。

2　特定不能土地等管理者の選任等

(1)　特定不能土地等管理者の選任

　特定不能土地等管理命令は、特定不能土地等管理者による管理を命ずるも
のであるから、裁判所は、特定不能土地等管理命令をする場合には、当該特
定不能土地等管理命令において、特定不能土地等管理者を選任しなければな
らない（法20条 1 項）。

　特定不能土地等管理者の具体的な人選に当たっては、裁判所が、個別の事
案ごとに、予定される職務の内容を勘案して、適切に管理することができる
能力を有する者を選定することになると考えられる。

　例えば、所有者等特定不能土地の売却を職務とすることが想定されるケー
スにおいては、売買に伴って発生し得る法的な問題についての検討が必要と
なるため、弁護士や司法書士等の法律専門家が選任されることが想定される
一方、例えば、繁茂した草木の伐採許可などの軽微な管理行為を行うために
特定不能土地等管理命令を発令する場合など、個別の事案によっては法律専

10　この場合には、所有者等特定不能土地について特定不能土地等管理命令を発令してい
　ないのであるから、特定不能土地等管理命令の登記の嘱託をする必要はないと考えられ
　る。

門家以外の者を選任することもあり得ると考えられる[11]、[12]。

　なお、選任の裁判に対しては、不服を申し立てることができない（同条2項）。これは、選任された管理者に解任事由がある場合には特定不能土地等管理者の解任の申立てによることとしており（法26条）、特定不能土地等管理命令への不服と別に、独立して特定不能土地等管理者の選任について不服申立てを認める必要がないためである。

(2)　特定不能土地等管理者の辞任

　特定不能土地等管理者は、正当な事由があるときは、裁判所の許可を得て、辞任することができる（法25条1項）。特定不能土地等管理者は、裁判所により選任された法定の財産管理人であるが、辞任の自由を過度に制限すると特定不能土地等管理者の候補者を見出すことが困難となることから、正当な事由があれば辞任をすることが可能とされている。

　特定不能土地等管理者が辞任の許可の申立てをする場合には、その原因となる事実を疎明する必要がある（同条2項）。この許可の申立てを却下する裁判には、理由を付さなければならない（同条3項）。また、辞任の許可の裁判に対しては、不服を申し立てることができない（同条4項）。

　特定不能土地等管理者が裁判所の許可を受けて辞任した場合には、裁判所は、新たな特定不能土地等管理者を選任することとなる（法20条1項参照）[13]。

11　もっとも、当該事案において想定される管理行為の内容に即してその権限を具体的に限定した特定不能土地等管理命令を発令することまでは想定されていないため、法律専門家が選任された場合であっても法律専門家以外の者が選任された場合であっても、その権限の範囲は客観的には同じものとなる（法21条1項）。

12　申立人自身を特定不能土地等管理者として選任することも規定上は禁止されていないが、多くのケースにおいては、申立人は、所有者等特定不能土地を買い受けるなど、何らかの観点から自己の利益を図るために申立てを行うことが想定されるところであるから、慎重に判断されるべきであると考えられる。申立人が推薦する者を特定不能土地等管理者として選任することも、利益相反の問題があることを踏まえた上で、慎重に検討されるべきであると考えられる。

13　この場合、裁判所書記官は、法20条3項及び4項に準じて、特定不能土地等管理命令の登記について特定不能土地等管理者の辞任及び選任の登記の嘱託をすることになると考えられる（令和2年通達第1の2(1)）。

⑶　特定不能土地等管理者の解任

　特定不能土地等管理者がその任務に違反して特定不能土地等管理命令の対象とされた所有者等特定不能土地等に著しい損害を与えたことその他重要な事由があるとき（例えば、特定不能土地等管理者が所有者等特定不能土地を売却した代金を着服した場合）は、裁判所は、利害関係人の申立てにより、特定不能土地等管理者を解任することができる（法26条1項）。

　なお、裁判所は、職権で特定不能土地等管理者を解任することはできないが、特定不能土地等管理者が不正を働くなどして、所有者等特定不能土地等の「管理を継続することが相当でなくなった」と判断されるときには、職権で特定不能土地等管理命令自体を取り消すことが可能であると考えられる（法29条1項）。

　裁判所は、特定不能土地等管理者を解任する場合には、特定不能土地等管理者の陳述を聴かなければならず（法26条2項）、この申立てについての裁判には、理由を付さなければならないとされている（同条3項）。また、解任の裁判に対して、利害関係人（特定不能土地等管理命令の申立人のほか、解任された特定不能土地等管理者、特定不能土地等管理者の行う土地の管理によって影響を受ける近隣住民などが想定される。）は、即時抗告をすることができる（同条4項）。

　特定不能土地等管理者が解任された場合に新たな特定不能土地等管理者を選任することとなることや、その手続については、特定不能土地等管理者が辞任をした場合と同様である。

3　特定不能土地等管理命令の登記

　特定不能土地等管理命令があった場合には、所有者等特定不能土地の管理処分権を有するのが特定不能土地等管理者となることから、所有者等特定不能土地の所有者等のほか、これと利害を有する第三者において認識することができるようにするため、その対象である所有者等特定不能土地について、裁判所書記官の嘱託により、特定不能土地等管理命令の登記がされる（法20

条3項）（令和2年通達第1の1）[14、15]。

　また、特定不能土地等管理命令を取り消す裁判があったときは、裁判所書記官は、職権で、遅滞なく、特定不能土地等管理命令の登記の抹消を嘱託することとされている（法20条4項）[16]。

　これらの登記の嘱託は、嘱託書に裁判書の謄本を添付してされることとなる（会社非訟規則44条の2第3項において準用する会社非訟規則42条1項【新規則16条において準用する新規則13条】）。

14　特定不能土地等管理命令の登記においては、当該登記の登記原因及びその日付並びに登記の年月日のほか、登記の目的並びに特定不能土地等管理者の職名及び氏名又は名称並びに住所が記録される（規則9条5項）。

15　特定不能土地等管理者の氏名若しくは名称又は住所に変更があった場合には、当該特定不能土地等管理者は、対象とされた所有者等特定不能土地を管轄する登記所に、変更があったことを証する市町村長（特別区の区長を含むものとし、地方自治法（昭和22年法律第67号）252条の19第1項の指定都市にあっては、区長又は総合区長とする。）、登記官その他の公務員が職務上作成した情報（公務員が職務上作成した情報がない場合にあっては、これに代わるべき情報）を提供して、その変更の登記を申し出ることになると考えられる（令和2年通達第2の1）。

16　特定不能土地等管理命令の登記の抹消をするときは、当該抹消の登記の登記原因及びその日付並びに登記の年月日のほか、登記の目的が記録されるとともに、抹消すべき登記を抹消する記号（下線）が記録される（規則9条6項）。

特定不能土地等管理命令の登記と同登記の抹消の登記記録例

特定不能土地等管理命令
(1) 嘱託の登記（法第20条第3項）

所　有　者	甲　某
	表題部所有者として登記すべき者がない〔令和元年法律第15号第14条第1項第4号イ〕
	手続番号　　第5100－2020－0006号
	令和元年法律第15号第15条の規定により令和2年2月1日登記
	特定不能土地等管理命令
	令和3年4月10日何地方裁判所（何支部）決定
	特定不能土地等管理者　A市B町三丁目2番　己　某
	令和3年4月28日登記

(2) 抹消の嘱託（法第20条第4項）

所　有　者	甲　某
	表題部所有者として登記すべき者がない〔令和元年法律第15号第14条第1項第4号イ〕
	手続番号　　第5100－2020－0006号
	令和元年法律第15号第15条の規定により令和2年2月1日登記
	<u>特定不能土地等管理命令</u>
	<u>令和3年4月10日何地方裁判所（何支部）決定</u>
	<u>特定不能土地等管理者　A市B町三丁目2番　己　某</u>
	<u>令和3年4月28日登記</u>
	特定不能土地等管理命令抹消
	令和3年6月13日何地方裁判所（何支部）取消決定
	令和3年7月1日登記

(注)　特定不能土地等管理命令を抹消する記号（下線）を記録する。

4　特定不能土地等管理者の権限

　特定不能土地等管理者が選任された場合には、特定不能土地等管理命令の対象とされた所有者等特定不能土地の管理処分権は、特定不能土地等管理者に専属するものとされている（法21条1項）。さらに、これに加えて、所有者等特定不能土地の管理、処分その他の事由により特定不能土地等管理者が得た財産の管理処分権も、特定不能土地等管理者に専属するものとされている（法21条1項）。したがって、当該所有者等特定不能土地に係る所有者等やその承継人が現に存在しているなどの場合であっても、当該所有者等特定不能土地の管理処分権は特定不能土地等管理者に専属的に帰属し、その権限が優先することになる。これにより、所有者等特定不能土地の売却等が行われた際に、他に真の所有者が存在し、売買契約に基づく所有権移転が事後的に覆

る可能性が排除されている。

　なお、法21条１項の「その管理、処分その他の事由により特定不能土地等管理者が得た財産」とは、例えば、土地から生じた天然果実や、土地の価値転化物である売却代金などを指し、これと所有者等特定不能土地とを併せて「所有者等特定不能土地等」と定義されている（同項）。

　もっとも、特定不能土地等管理者は、①保存行為及び②所有者等特定不能土地等の性質を変えない範囲においてその利用又は改良を目的とする行為は自己の判断ですることができるものの、この範囲を超える行為をするには、裁判所の許可を得なければならない（同条２項）[17]。裁判所の許可を要する行為に当たるかどうかは個別の事案ごとにその具体的な事情を踏まえて判断することとなるが、例えば、隣地住民の一時的な立入りを許す場合には裁判所の許可を要しない一方、所有者等特定不能土地を売却しようとする場合や不法占有者に対して明渡しを求める訴訟を提起する場合には、裁判所の許可を要することになるものと考えられる。

　裁判所は許否の判断においては、個別の事案における様々な事情を総合考慮することになる。例えば、土地の売却のケースを念頭に置くと、特定不能土地等管理者がその善管注意義務に基づいて所有者等に損害を生じさせないようにするなどの観点から売却条件等を一次的に判断するが、裁判所においても、適正な土地の管理の観点から見て売却の必要性が認められる事案であること（例えば、公共事業の実施に当たって必要な土地とされていることや、民間事業者等において所有者等特定不能土地を買収して開発事業を実施しようとするときなどが考えられる。）や、売却価格が適正であることなど売買契約の内容においても不相当な面が見られないこと（例えば、売却価格が適正であるこ

17　表題部所有者不明土地が共有に属し、その一部の共有持分に係る所有者等を特定することができなかったケースにおいて、当該共有持分を対象として特定不能土地等管理命令が発令されている場合における利用改良行為としては、特定不能土地等管理者が共有持分に応じて当該所有者等特定不能土地自体を使用する行為などが考えられる。

　なお、特定不能土地等管理命令の対象となる共有持分が過半数に満たないケースで土地の「管理」行為をしようとしても、他の持分権者の同意が得られなければ、裁判所が法21条２項の許可をしたとしても土地の「管理」行為をすることができない（民法252条）点に留意する必要がある。

とについては、不動産の評価証明書や査定書の提出を求め、近隣の相場と比較して不相当な金額となっていないかどうかを確認することが考えられる。）などを確認した上で、許可をすることになるものと考えられる[18]。

裁判所の許可が必要であるのに許可を得ずに行った特定不能土地等管理者の行為は無効となるが、特定不能土地等管理者はこれをもって善意の第三者に対抗することができない（同条3項）。

5 所有者等特定不能土地等の管理

特定不能土地等管理者に選任された者は、選任承諾の意思を表明して特定不能土地等管理者に就職した後、直ちに所有者不明土地等管理命令の対象とされた所有者等特定不能土地等の管理に着手しなければならない（法22条）。

具体的にどのような管理行為をすべきかは、特定不能土地等管理命令の発令に当たって、どのような必要性が考慮されたか、利害関係の有無についてどのような事情が考慮されたかを踏まえつつ、個別的に判断することになる。

6 特定不能土地等管理者の義務

特定不能土地等管理者は、その職務を行うに当たっては、所有者等特定不能土地等の真の所有者のために、善良な管理者の注意をもって、権限を行使しなければならない（法24条1項）。

なお、裁判所による特定不能土地等管理者の監督に関する規定は存在しな

---

18 裁判所の許可を受けて、特定不能土地等管理者と買主との間で売買契約を締結した場合における登記手続については、後記第5章を参照。

　特定不能土地等管理者は、売買代金を受け取ったときは、その代金から費用や報酬を控除した残金を供託所に供託することになる（法28条1項）（後記9を参照）。代金が供託されると、特定不能土地等管理者は自ら直接管理すべき財産が実質的に存しなくなることから、このことを理由として、裁判所に対し、特定不能土地等管理命令の取消しを申し立て（法29条1項）、特定不能土地等管理者の任務を終えることとなる。

いが、裁判所は、特定不能土地等管理者に対し、管理処分行為の具体的状況について、必要に応じて報告を求めることができるのは当然である。

　特定不能土地等管理命令は、利害関係のある者の申立てによって発せられるが、特定不能土地等管理者は飽くまでも真の所有者のために善良な管理者の注意をもって権限を行使する。例えば、所有者等特定不能土地の有効な利用をしたいという第三者の要請に応えて売却を行うこととする際にも、真の所有者が現れた場合に備えて、不当な損害を生じさせないように、売却条件の相当性について十分に意を払う必要がある。

　また、特定不能土地等管理命令の発令時においてこの真の所有者が複数名に上り得ることを前提に、特定不能土地等管理者は、所有者等特定不能土地等の（真の）所有者のために、誠実かつ公平に権限を行使しなければならないものとされている（同条2項）。このような誠実公平義務が課されていることに加えて、真の所有者（共有持分権者）が複数名に上る場合であっても、特定不能土地等管理者が行うべき事務において特定の所有者（共有持分権者）には有利になり、他方で、他の所有者（共有持分権者）には不利になるといった事態（利益相反）は基本的に想定し難いことも踏まえ、一人の特定不能土地等管理者が複数の所有者（共有持分権者）のために管理を行うことが許容されている。

7　特定不能土地等管理命令が発せられた場合における所有者等特定不能土地等に関する訴えの取扱い

(1)　当事者適格

　特定不能土地等管理命令が発せられた場合には、所有者等特定不能土地等の管理処分権は、選任された特定不能土地等管理者に専属するものとされている（法21条1項）ため、所有者等特定不能土地等に関する訴え（例えば、対象となる土地について時効取得を主張する者が提起する所有権確認訴訟等）については、特定不能土地等管理者自身が当事者適格を有するものとすることが相当であると考えられる[19]。

そこで、特定不能土地等管理命令が発せられた場合には、所有者等特定不能土地等に関する訴えについては、特定不能土地等管理者を原告又は被告とすることとされている（法23条1項）[20]。

(2) 中断・受継

ア　特定不能土地等管理命令が発せられた場合には、前記(1)のとおり、所有者等特定不能土地等に関する訴えについて、特定不能土地等管理者が原告又は被告となるから、例えば、当該所有者等特定不能土地の所有者を被告として提起された訴訟の係属中に特定不能土地等管理命令が発せられた場合には、所有者は被告として訴訟を追行する適格を失い、これを特定不能土地等管理者が受け継ぐ必要がある。そのため、所有者等特定不能土地等に関する訴訟手続でその所有者を当事者とするもの[21]は、訴訟手続が中断し（法23条2項）、特定不能土地等管理者において受継することができるものとされている（同条3項前段）。なお、特定不能土地等管理者に訴訟進行の利益を考慮して受継申立てをするかどうかの裁量を与えることが相当で

19　特定不能土地等管理者と時効取得者との間で当該時効取得者を所有者とする協議が成立した場合又は特定不能土地等管理者を被告として所有権確認訴訟を提起し請求を認容した判決を得た場合には、時効取得者は、不登令別表4の項添付情報欄ハの表題部所有者となる者が所有権を有することを証する情報として、時効取得者を所有者とする特定不能土地等管理者と時効取得者との協議書（特定不能土地等管理者の印鑑証明書等の当該書面の真正を証するに足りる情報を含む。）又は所有権確認訴訟の請求を認容した判決書の正本及び確定証明書を提供した上で、自己を表題部所有者とする表題登記及び自己を登記名義人とする所有権の保存の登記の申請をすることができると考えられる。

20　確定判決の効力は、所有者等特定不能土地等の所有者にも及ぶと解される（民事訴訟法（平成8年法律第109号）115条1項2号）。また、仮に、所有者等特定不能土地に関する何らかの訴訟の原告又は被告に所有者等特定不能土地の真の所有者がなっているという事態があったとしても、当該訴訟に係る訴えは不適法なものとなる。

21　例えば、表題部の所有者が住所の記載がない「A」と登記されている表題部所有者不明土地が崖崩れ寸前となっているため、隣地所有者Bが、「住所不明　A」を被告として、所有権に基づく妨害予防（崖崩れ防止の工事等）を求める訴えを提起していたところ、法15条1項4号イの登記がされ、申立てにより特定不能土地等管理命令が発令されたケースなどが考えられる。このほか、理論的には、所有者等特定不能土地の所有者が現に存在し、所有者等特定不能土地に関する何らかの訴訟を提起していたということも極めて例外的ではあれ、あり得ないではない。もし、そのような訴えが存在する場合には、その訴訟についても法的には特定不能土地等管理者が原告となるべきものであるため、訴訟手続は当然に中断することになる。

あるため、特定不能土地等管理者による受継は任意的なものとされている。ただし、受継の申立ては、相手方もすることができる（同項後段）。

イ　これに対し、特定不能土地等管理命令の対象とされた所有者等特定不能土地等に関する訴えを特定不能土地等管理者が提起し、その訴訟手続の係属中に、その所有者が現れて、当該特定不能土地等管理命令が取り消された場合には、特定不能土地等管理者の管理処分権が失われ、当該所有者がその権限を有するに至り、当該訴訟手続の当事者適格を有すべき状態になる。そこで、特定不能土地等管理命令が取り消されたときは、特定不能土地等管理者を当事者とする所有者等特定不能土地等に関する訴訟手続は、中断し（法23条4項）、その所有者が当該訴訟手続を受け継がなければならないものとされている（同条5項前段）。ただし、受継の申立ては、相手方もすることができる（同項後段）[22]。

8 　特定不能土地等管理者の報酬等

　特定不能土地等管理者は、所有者等特定不能土地等の管理のために裁判所が選任する法定の財産管理人であることに鑑み、その職務を行うために必要なものとして裁判所が定める額の費用の前払及び報酬を所有者等特定不能土地等から受けることができるものとされている（法27条1項）。所有者等特定不能土地等が財産管理人としての管理対象財産であることに鑑み、例外的にこれを報酬等の原資とすることができることが明文で規定されている。実際

---

[22] 所有者が現れて特定不能土地等管理命令が取り消された場合において、所有者も相手方も受継の申立てをしないときは、裁判所は、民事訴訟法129条に基づき、職権による続行命令を発することができると考えられる。
　　なお、所有者が現れたこと以外の理由で特定不能土地等管理命令が取り消された場合には、特定不能土地等管理者を当事者とする所有者等特定不能土地等に関する訴訟手続が中断し、再度、特定不能土地等管理命令が発令されない限り、長期にわたり受継がされない状態となることがあり得る。しかし、このようなケース（特定不能土地等管理者を被告とするケースについては、通常は、原告が特定不能土地等管理命令の申立てをすれば足りるため、特定不能土地等管理者が原告となった訴訟で問題となり得る。）では、裁判所は、所有者の特定ができず、当事者の特定ができないことから、訴訟要件を欠くものとして、訴えを却下することができるものと考えられる。

にも、真の所有者が現れてその者から報酬等を受けることができる蓋然性は極めて乏しいと考えられるため、このような規定が設けられている[23]。

具体的な報酬額は、個別の事案ごとに、実際に行った特定不能土地等管理者の職務の内容に応じて決定されるものと考えられる。支払時期についても裁判所が定めることになる。

もっとも、所有者等特定不能土地等を売却して現金が管理対象財産に含まれるといったケースを除き、管理対象財産に現金が含まれず報酬等を直ちに賄うことができないこともあり得る。このように、所有者等特定不能土地等で報酬等を支弁することができないときは、申立人が裁判所に納めた予納金から報酬等の支払を受けることとなる[24]。

特定不能土地等管理者の費用又は報酬の額を定める裁判をする場合には、特定不能土地等管理者の陳述を聴かなければならない（同条2項）。また、費用又は報酬の額を定める裁判に対しては、特定不能土地等管理者に限り、即時抗告をすることができる（同条3項）。

9 特定不能土地等管理者による金銭の供託

(1) 特定不能土地等管理者による供託

所有者等特定不能土地を売却した場合など、特定不能土地等管理者が管理、処分その他の事由により金銭（所有者等特定不能土地の売却代金や賃料な

23　法27条1項は、特定不能土地等管理者が管理対象である所有者等特定不能土地等から費用の前払や報酬を受けることができる旨を特に表す点に意義があるものであり、真の所有者が現れるという事態が生じたときに、その所有者に対して不足した費用・報酬を請求することまでを否定するものではないと考えられる（民法648条から650条までを参照）。

24　例えば、所有者等特定不能土地が崖地であり、隣地の所有者が崩落を防止するための工事を行う目的で特定不能土地等管理命令の申立てをし、命令が発せられた場合において、所有者等特定不能土地から報酬及び当該工事費用を支弁することができないときは、予納金からその支払を受けることになる。

　所有者等特定不能土地の時効取得を主張する者が所有権確認訴訟を提起する目的で特定不能土地等管理命令の申立てをし、命令が発せられた場合において、所有者等特定不能土地から特定不能土地等管理者の報酬や訴訟に要した費用を支弁することができないときも、同様である。

ど）を取得することがあり得る。この場合に、真の所有者が現れるまで、特定不能土地等管理者がいつまでも当該金銭を保管していなければならないとすると、特定不能土地等管理者の管理に要する費用や報酬がかさみ、合理的ではない。

そこで、特定不能土地等管理者は、所有者等特定不能土地等の管理、処分その他の事由により金銭が生じたときは、その所有者のために、当該金銭を当該所有者等特定不能土地の所在地の供託所に供託することができる（法28条1項）。

法28条1項は、「供託することができる。」と規定し、供託を義務的なものとしていない。これは、所有者等特定不能土地等の管理、処分等により金銭が生じた場合に、常に当該金銭を供託しなければならないとすると、例えば、特定不能土地等管理者が、裁判所の許可を受けて所有者等特定不能土地を第三者に賃貸し、その賃料を受領して管理をしているケースにおいては、引き続きその後に管理費用の支出が必要となることが想定され、必ず供託を要するとすることは合理的でないことを考慮したものである。

もっとも、特定不能土地等管理者は、所有者等特定不能土地等の所有者のために適切に財産を管理する旨の善管注意義務を負っている（法24条1項）ことから、具体的な場面に応じて、その管理コストを低減させるべく適時に供託をしなければならない具体的な義務を負うことがあるものと考えられる。例えば、特定不能土地等管理者が、裁判所の許可を受けて、所有者等特定不能土地を売却し、その代金を受領した場合において、特に必要もないのに当該代金のみをいつまでも管理し続けていることは、上記義務に違反することから、特定不能土地等管理者は、速やかに代金を供託しなければならないことになるものと考えられる。

（2）　供託手続

供託書には、供託規則（昭和34年法務省令第2号）13条2項各号所定の事項を記載しなければならない。

必要的記載事項である「供託物の還付を請求し得べき者」（供託規則13条2

項6号）については、所有者等特定不能土地等の所有者の氏名又は名称が明らかでないことから、供託の原因たる事実を引用してこれを特定することになると考えられる（供託書記載例参照）。

　また、特定不能土地等管理者が供託する場合には、その権限を証する書面を提示する必要がある（供託規則14条4項）。具体的には、当該特定不能土地等管理者が記録された当該所有者等特定不能土地の登記事項証明書などを提示することが考えられる。

※以下の供託の供託書の記載例を後記「供託書の記載例」に添付（113頁以下）
　記載例1　特定不能土地等管理者による売却代金の供託
　記載例2　特定不能土地等管理者による賃料の供託
　記載例3　特定社団等帰属土地等管理者による売却代金の供託
　記載例4　特定社団等帰属土地等管理者による賃料の供託

⑶　供託の公告

　特定不能土地等管理者は、供託がされた旨を所有者等特定不能土地に係る所有者等においても認識することができるようにするため、この供託をしたときは、官報により、次の事項を公告しなければならない（法28条2項、規則15条）。

①　法28条1項の規定による供託をした旨

②　所有者等特定不能土地に係る所在事項

③　供託所の表示

④　供託番号

⑤　供託した金額

⑥　裁判所の名称、件名及び事件番号

【官報文例】
　　　　特定不能土地等管理者による供託公告
　　次の土地について、表題部所有者不明土地の登記及び管理の適正化に関する法律第二十八条第一項の規定により供託したので公告する。
　所在事項　東京都千代田区霞が関一丁目一番
　供託所の表示　東京法務局
　供託番号　令和二年度金第三百四十五号

> 供託金額　金百万円
> 東京地方裁判所令和二年（チ）第三号特定不能土地等管理命令申立事件

(4)　還付手続

　法28条１項は、所有者等特定不能土地の真の所有者が金銭を受領することができない状態にあることを前提に、その者のために供託をするものであるため、所有者等特定不能土地の真の所有者は供託金の還付請求権を有する。

　そして、真の所有者がその還付を受けようとする場合には、供託所に対し、還付を受ける権利を有することを証する書面（供託規則24条１項１号）を添付して請求をすることになる。例えば、「特定不能土地等管理者が所有者等特定不能土地を売却し、その売却代金の費用等を控除した残金を供託した後、還付請求の際には既に特定不能土地等管理命令が取り消されていた。」といったケースにおいては、改めて特定不能土地等管理命令の発令を申し立てて、特定不能土地等管理者の選任を得た上で[25]、真の所有者と当該特定不能土地等管理者との間で当該所有者に還付請求権が帰属することの確認書を取り交わしたり、当該特定不能土地等管理者を被告として還付請求権確認訴訟を提起してその請求認容判決の判決書の正本及び確定証明書を取得したりするなどした上で、これらの書面を還付を受ける権利を有することを証する書面とすることになるものと考えられる。

　また、特定不能土地等管理者が、所有者等特定不能土地を賃貸して賃料を供託しているケースにおいては、真の所有者と当該特定不能土地等管理者との間で当該所有者に所有者等特定不能土地の所有権が帰属することの確認書を取り交わしたり、当該特定不能土地等管理者を被告として所有権確認訴訟を提起してその判決書の正本及び確定証明書を取得したりするなどした上で、これらの書面を還付を受ける権利を有することを証する書面とすることになるものと考えられる。

---

[25]　この場合、真の所有者は、法19条５項に基づき、供託金の取戻請求権を管理対象財産として特定不能土地等管理命令の申立てをすることになると考えられる。

(5) 供託物払渡請求権が時効消滅した場合

供託金に係る供託物払渡請求権についての消滅時効は、被供託者が供託されたことを知った時から5年間行使しないとき（民法166条1項1号）、又は供託時から10年間行使しないとき（同項2号）に完成すると考えられる。供託金に係る供託物払渡請求権が時効消滅したときは（民法166条1項）、供託金は国庫に帰属することとなる。

10 特定不能土地等管理命令の取消し

(1) 管理継続不相当による取消し

対象となる土地を売却してその売却代金など特定不能土地等管理者が管理すべき財産の全部が法28条1項の規定により供託されたときには、これ以上、特定不能土地等管理命令を継続する必要がなくなる。そこで、この場合を含めて特定不能土地等管理者が管理すべき財産がなくなったときのほか、特定不能土地等管理命令の対象とされた所有者等特定不能土地等の管理を継続することが相当でなくなったとき[26]は、裁判所は、特定不能土地等管理者若しくは利害関係人の申立てにより又は職権で、特定不能土地等管理命令を取り消さなければならないこととされた（法29条1項）。

法29条1項の「その他特定不能土地等管理命令の対象とされた所有者等特定不能土地等の管理を継続することが相当でなくなったとき」を一般的・包括的な取消事由としている趣旨は、財産の管理の必要性や財産の価値に比して管理の費用が不相当に高額であり、第三者である管理者を選任して財産を

---

26 例えば、①特定不能土地等管理命令の発令後、特定不能土地等管理者の報酬・費用を支出することができなくなった場合に、申立人から報酬・費用の追加の予納がされないケースのほか、②発令時に予定されていた訴えが長期間にわたり提起されないケース、③発令時に予定されていた必要な工事が終了したケース、④予定されていた公共事業が中止となるなど、発令時に予定されていた管理行為（売却行為）が不要となるような事情の変更があったケース、⑤申立人と特定不能土地等管理者が結託して所有者等特定不能土地をほしいままにしようとしているケースなど様々なものが、「管理を継続することが相当でなくなったとき」に該当し得ると考えられる。なお、真の所有者が現われたために管理を継続すべきではなくなったケースについては、別途、法29条2項の規定によって取り消される。

管理させるのが相当でない場合など、裁判所が財産の管理を継続することが相当でなくなったと判断したときには管理命令を取り消さなければならないとして、不相当な管理の継続を防止することにある。

(2) 真の所有者の出現による取消し等

特定不能土地等管理命令が発令された後、当該所有者等特定不能土地等の所有権が自己に帰属することを所有者等特定不能土地等の所有者が証明したときは、特定不能土地等管理命令を取り消して、特定不能土地等管理者に専属する所有者等特定不能土地等の管理処分権をその（真の）所有者に戻す必要がある。そこで、この場合にも、当該所有者の申立てにより、裁判所は、特定不能土地等管理命令を取り消さなければならない（法29条2項）。これにより特定不能土地等管理命令が取り消されたときは、特定不能土地等管理者は、所有者に対し、その事務の経過及び結果を報告し、所有者等特定不能土地等を引き渡すこととなる（同条3項）[27]。

(3) 即時抗告

前記(1)及び(2)の取消決定に対しては、利害関係人に限り即時抗告をすることができる（法29条4項）[28]。

---

[27] 特定不能土地等管理命令が取り消されたときは、裁判所書記官の嘱託により、特定不能土地等管理命令の登記が抹消される（法20条4項）。その後、当該所有者は、自己が所有権を有することを証する情報を提供して、自己を表題部所有者とする登記を申請することができる（不登法27条3号、不登令別表4の項、最判平成23年6月3日集民237号9頁参照）。

[28] 利害関係人の例として、次のような者が考えられる。
　・所有者等特定不能土地等の管理を継続することが相当でなくなったことを理由とする取消決定：特定不能土地等管理命令の申立人
　・所有者等特定不能土地等の所有権が自己に帰属することを所有者が証明した場合における取消決定：当該所有者以外に当該所有者等特定不能土地等の所有権を主張する者

第 **4** 章

特定社団等帰属土地の管理

1 概　要

　登記官による探索の結果、表題部所有者不明土地が法人でない社団等（法人でない社団又は財団をいう。以下同じ。）に帰属していることが判明したケースについては、その要件を欠くことから、特定不能土地等管理命令を発令することはできない。

　もっとも、当該法人でない社団等の代表者又は管理人が選任されておらず、かつ、当該法人でない社団等の全ての構成員を特定することができず、又は所在不明である場合には、実際上、その法人でない社団等における自治に委ねても当該土地の適切な管理を期待することができないし、このようなケースに適切に対応することができる既存の財産管理制度も存在しない。

　そこで、法人でない社団等に属することを理由とする旨の登記（法15条1項4号ロに定める登記）がされたものを特定社団等帰属土地（法2条4項）とした上で[1]、裁判所は、当該法人でない社団等の代表者又は管理人が選任されておらず、かつ、当該法人でない社団等の全ての構成員を特定することができず、又はその所在が明らかでない場合において、必要があると認めるときは、利害関係人の申立てにより、その申立てに係る特定社団等帰属土地を対象として、特定不能土地等管理命令と同様の管理を命ずる処分（特定社団等帰属土地等管理命令）をすることができるものとされた（法30条1項）。そして、特定社団等帰属土地等管理命令については、法19条2項から法29条までの規定を準用するものとされている（法30条2項）。

　特定社団等帰属土地等管理命令には、特定不能土地等管理命令で記載したことがおおむね当てはまるため、以下では特定社団等帰属土地等管理命令に特有の事項について記述する。

1　なお、表題部所有者不明土地の共有持分のうちの一部について上記の登記がされている場合には、その登記がされた共有持分の部分のみを特定社団等帰属土地といい、当該一筆の土地全体を指すものではないことなどは、所有者等特定不能土地と同様である（前記第3章1参照）。

2 要　件

　裁判所は、以下の全ての要件を満たすときは、利害関係人の申立てにより、その申立てに係る特定社団等帰属土地を対象として、特定社団等帰属土地等管理命令をすることができる（法30条１項）。

① 　対象となる土地が特定社団等帰属土地であること（前記第２章7⑷②(イ)参照）[2]

② 　当該特定社団等帰属土地が帰属する法人でない社団等の代表者又は管理人が選任されておらず、かつ、当該法人でない社団等の全ての構成員を特定することができず、又はその所在が明らかでないこと

③ 　特定社団等帰属土地等管理命令の必要があると認められること

　特定社団等帰属土地の管理の措置は、法人でない社団等に帰属することは確認することができるものの、その実態が全く失われている場合に、その土地の管理・処分の適正化を図る必要があるという事態に備えて設けられたものである。法人でない社団等の代表者が選任されていない状態にとどまる場合や、構成員の一部が判明しないにとどまる場合には、その団体内部の自治によって適切に代表者を選任するなどすることで、財産の管理・処分をすることが可能であると考えられる。そこで、②の要件を満たさない場合には特定社団等帰属土地等管理命令を発令することはできないこととされている。

　なお、ある一定の時点で法人でない社団等に帰属していた場合において、その後、当該法人でない社団等の構成員の資格を有する者がいなくなったときであっても、その清算が結了するまでは、当該法人でない社団等は存続し

2　法15条１項４号ロに定める登記は、表題部所有者不明土地が法人でない社団等に過去に「属していたとき」についてもされることから、過去の一時点において法人でない社団等に帰属していることは判明したが、第三者への権利移転の有無を含めてその後の権利移転を明確に認定することができなかったケース（この場合には、その過去の一時点における所有者として当該法人でない社団等を認定する。）についても当該登記がされることになる。これに対し、特定社団等帰属土地は、飽くまでも、法15条１項４号ロに定める登記がある表題部所有者不明土地のうち、現に法人でない社団等に属するものに限られている（法15条１項４号ロに定める登記がされている表題部所有者不明土地の全てが特定社団等帰属土地に該当するわけではない）ことに注意を要する（法２条４項）。

ているため、特定社団等帰属土地となるものであり、このような土地について
も特定社団等帰属土地等管理命令を発することができる。

3 特定社団等帰属土地等管理命令の登記

　特定社団等帰属土地等管理命令の登記については、基本的に特定不能土地
等管理命令で記載した内容が当てはまる（法30条2項において準用する法20条
3項及び4項、規則9条1項・5項及び6項）（令和2年通達第1の1）。

特定社団等帰属土地等管理命令の登記と同登記の抹消の登記記録例

特定社団等帰属土地等管理命令

　(1)　嘱託の登記（法第30条第2項、第20条第3項）

所　有　者	甲　某
	<u>表題部所有者として登記すべき者がない〔令和元年法律第15号第14条第1項第4号ロ〕</u>
	手続番号　第5100-2020-0007号
	令和元年法律第15号第15条の規定により令和2年2月1日登記
	特定社団等帰属土地等管理命令
	令和3年4月10日何地方裁判所（何支部）決定
	特定社団等帰属土地等管理者　A市B町三丁目3番　己　某
	令和3年4月28日登記

　(2)　抹消の嘱託（法第30条第2項、第20条第4項）

所　有　者	甲　某
	<u>表題部所有者として登記すべき者がない〔令和元年法律第15号第14条第1項第4号ロ〕</u>
	手続番号　第5100-2020-0007号
	令和元年法律第15号第15条の規定により令和2年2月1日登記
	<u>特定社団等帰属土地等管理命令</u>
	<u>令和3年4月10日何地方裁判所（何支部）決定</u>
	<u>特定社団等帰属土地等管理者　A市B町三丁目3番　己　某</u>
	<u>令和3年4月28日登記</u>
	特定社団等帰属土地等管理命令抹消
	令和3年6月13日何地方裁判所（何支部）取消決定
	令和3年7月1日登記

（注）　特定社団等帰属土地等管理命令を抹消する記号（下線）を記録する。

4 代表者等の選任による取消し等

　法人でない社団等の代表者等が選任された場合には、その団体内部の自治
によって財産の管理・処分をすることが可能となるから、特定社団等帰属土

地等管理命令を継続する必要はない。

　そこで、特定社団等帰属土地等管理命令の対象とされた特定社団等帰属土地等（特定社団等帰属土地及びその管理、処分その他の事由により特定社団等帰属土地等管理者が得た財産）の所有者である当該特定社団等帰属土地等が帰属する法人でない社団等がその代表者又は管理人が選任されたことを証明したときは、裁判所は、特定社団等帰属土地等管理命令を取り消さなければならない（法30条２項において準用する法29条２項）[3]。

5　特定社団等帰属土地等管理者による金銭の供託

　所有者等特定不能土地等の場合と同様、特定社団等帰属土地等管理者は、特定社団等帰属土地等の管理、処分その他の事由により金銭が生じたときは、その所有者のために、当該金銭を当該特定社団等帰属土地の所在地の供託所に供託することができる（法30条２項において準用する法28条１項）。

　供託書には、供託規則13条２項各号所定の事項を記載しなければならない。供託書の必要的記載事項である「供託物の還付を請求し得べき者」（供託規則13条２項６号）としては、所有者特定書で特定された法人でない社団等の名称を記載することになると考えられる。

※以下の供託書記載例について後添（115頁以下）
・売却代金の供託
・賃料の供託

　特定社団等帰属土地等の所有者である法人でない社団等がその還付を受けようとする場合には、供託所に対し、還付を受ける権利を有することを証する書面（供託規則24条１項１号）を添付して請求をする必要がある。具体的には、当該法人でない社団等に代表者又は管理人が選任されたことを証する

3　登記官による探索においては特定の法人でない社団等に帰属するものと認定され、その旨の登記がされたが、実際には、別の者が真の所有者であると認定されることがあり得る。このようなケースにおいては、特定社団等帰属土地等の管理を継続することが相当でなくなったと言えるから、法30条２項において準用する法29条１項により特定社団等帰属土地等管理命令を取り消すことになる。

書面などを添付することになると考えられる。

第 **5** 章

所有者等の特定を踏まえた
表題部所有者登記がされた
土地について
執ることのできる手続

1 表題部所有者として登記された者がいる場合

(1) 表題部所有者として登記された者ではない真の所有者(A)による是正手続

　所有者等の探索の結果を踏まえ、表題部所有者不明土地の表題部所有者としてBが登記されていた場合、当該土地の真の所有者であるAは、次の手続によって登記を是正することができる。

① 　Bの承諾を得た上で、その承諾を証するBが作成した情報を提供してAを表題部所有者とする更正の登記の申請をする（不登法33条2項）。

② 　Bを被告として当該土地の所有権確認訴訟を提起し、請求を認容した判決書の正本及びその確定証明書を提供してAを所有者とする所有権の保存の登記の申請をする（不登法74条1項2号）。

③ 　表題部所有者をBとする登記（所有者等の特定を踏まえた表題部所有者登記）を行った登記官の処分に対する審査請求を行い（不登法156条）、又は処分の取消訴訟等を行政訴訟として提起する。これらが認容された場合には、登記官は、その理由中に示された判断内容に従って、職権で、Aを表題部所有者とする更正の登記をすることになる[1]。

(2) 真の所有者ではないにもかかわらず表題部所有者として登記された者(A)による是正手続

　表題部所有者不明土地の表題部所有者として登記されたAが真の所有者ではなかった場合には、Aは、登記官の処分（所有者等の特定を踏まえた表題部所有者登記）に対する審査請求を行うか（不登法156条）、処分の取消訴訟等を行政訴訟として提起することができる。これらが認容された場合には、登記官は、その理由中に示された判断内容に従って、職権で、所有者等の特定を踏まえた表題部所有者登記の抹消をすることになる。

1　審査請求や行政訴訟において所有権の帰属が争点として争われたとしても、最終的な所有権の帰属そのものがAB間で確定することはなく、その確定のためには、前記②の所有権確認訴訟等を提起する必要がある。

2 表題部所有者不明土地に表題部所有者として登記すべき者がない旨が登記されている場合（所有者等特定不能土地の場合）

(1) 真の所有者(A)が自らを表題部所有者として登記すべきことを主張する場合

表題部所有者不明土地に表題部所有者として登記すべき者がない旨が登記されている場合には、真の所有者であるAは、その状態を是正することを目的として、Aを表題部所有者とする登記を申請することができ、さらに、当該土地につき所有権の保存の登記を申請することができる。

この場合、Aは、当該土地の所有権を有することを証する情報を提供する必要がある（不登令別表4の項添付情報欄ハ）。例えば、所有者等特定不能土地について特定不能土地等管理命令の申立てをし、①選任された特定不能土地等管理者を相手方として所有権確認訴訟を提起した上で、請求を認容した判決書正本及びその確定証明書を提供することや、②特定不能土地等管理者とAとの間で作成された「Aが所有者等特定不能土地の所有者であることを確認する」旨の確認書（特定不能土地等管理者の印鑑証明書等の当該書面の真正を証するに足りる情報を含む。）及び確認書の作成につき裁判所の許可を証する情報を提供することなどが考えられる。

(2) 第三者(C)が所有者等特定不能土地を時効取得したことを主張する場合

時効取得したことを主張するCは、直接Cを表題部所有者とする表題登記及び保存登記をすることができる[2]。この場合、Aは、当該土地の所有権

---

[2]　最判平成23年6月3日集民237号9頁は、「表題部所有者の登記も所有権の登記もなく、所有者が不明な土地を時効取得した者は、自己が当該土地を時効取得したことを証する情報等を登記所に提供して自己を表題部所有者とする登記の申請をし（不登法18条、27条3号、不登令3条13号、別表4の項）、その表示に関する登記を得た上で、当該土地につき保存登記の申請をすることができるのである（不登法74条1項1号、不登令7条3項1号）。」としている。

を有することを証する情報を提供する必要がある（不登令別表4の項添付情報欄ハ）。例えば、所有者等特定不能土地について特定不能土地等管理命令の申立てをし、①選任された特定不能土地等管理者を相手方として所有権確認訴訟を提起した上で、請求を認容した判決書正本及びその確定証明書を提供することや、②特定不能土地等管理者とCとの間で作成された「Cが所有者等特定不能土地を時効取得したことを確認する」旨の確認書（特定不能土地等管理者の印鑑証明書等の当該書面の真正を証するに足りる情報を含む。）及び確認書の作成につき裁判所の許可を証する情報を提供することなどが考えられる（令和2年通達第4の3及び別紙記録例第6を参照）。

⑶　第三者(C)が所有者等特定不能土地の購入を希望する場合

　所有者等特定不能土地の購入を希望するCは、当該所有者等特定不能土地について特定不能土地等管理命令を申し立ててその発令を受けた上で、選任された特定不能土地等管理者とCとの間で当該土地について売買契約を締結した上で、当該売買契約書（特定不能土地等管理者の印鑑証明書等の当該書面の真正を証するに足りる情報を含む。）及びその売買契約締結について裁判所の許可を証する情報を、Cが当該土地の所有権を有することを証する情報として提供した上で、直接Cを表題部所有者とする表題登記及び保存登記をすることができると考えられる（令和2年通達第4の2及び別紙記録例第6を参照）。

⑷　所有者等特定不能土地についてする表題登記

　前記のとおり、所有者等特定不能土地の真の所有者や（前記⑴）、所有者等特定不能土地を新たに取得した第三者（前記⑵及び⑶）は、自身を表題部所有者とする表題登記の申請をすることとなる（令和2年通達第4の1）。しかし、所有者等特定不能土地についてする表題登記は、表題登記の形式はとられているものの、既存の登記記録に登記するという特殊性がある。以下では、所有者等特定不能土地についてする表題登記において、通常の表題登記とは異なる取扱いをすることが相当と考えられる点について説明する（令和

4年通達【付録6】を参照）。

ア　申請情報

　(ア)　登記の目的

　所有者等特定不能土地についてする表題登記であることを明らかにするために、登記の目的（不登令3条5号）は「土地表題登記（所有者等特定不能土地に係る表題登記）」とする。

　(イ)　特定不能土地等管理者の氏名及び住所の要否

　特定不能土地等管理者が選任されているケースにおいても、当該者の氏名及び住所を申請情報とする必要はない。

　登記の目的により所有者等特定不能土地についてする表題登記であることは明らかとなり、申請情報の内容としてはそれで十分であるからである。

　(ウ)　登記原因及びその日付

　通常の土地の表題登記においては、登記原因及びその日付として「年月日公有水面埋立」など、当該土地が生じた具体的な原因とその日付を記載するが、所有者等特定不能土地についてする表題登記の目的は、不完全であった登記記録の内容を表題登記の形式によって適正化することにあるから、その登記原因は「所有者等特定不能土地に係る表題登記」として、その旨を明らかにするのが相当である。なお、この場合において、登記原因の日付を記載する必要はない。

　(エ)　地　　番

　土地の表題登記において、地番は申請情報に含まれないが（不登令3条7号ロ括弧書き）、所有者等特定不能土地についてする表題登記は、既存の登記記録に行うものであるから、当該登記を特定するために、地番の記載を要することとするのが相当である。

　(オ)　地目及び地積

　現況の地目及び地積を記載する。なお、既存の登記記録の地目及び地積と異ならない場合であっても、その旨を明らかにするため、記載を省略することは相当でない。

イ　添付情報

　所有者等特定不能土地についてする表題登記も土地の表題登記であるか
ら、土地所在図、地積測量図、表題部所有者となる者が所有権を有すること
を証する情報及び当該者の住所を証する情報を提供することを要する（不登
令別表4の項）。

　表題部所有者となる者が所有権を有することを証する情報の具体的な内容
は、前記2(1)から(3)までに記載したとおりである。なお、第三者が所有者等
特定不能土地を売買により取得したために表題登記をする場合（前記2(3)）
には、当該表題登記には所有権の移転の登記としての実質を有する面がある
から、当該土地の登記記録上の地目が農地である場合には、所有権を有する
ことを証する情報として農地法（昭和27年法律第229号）3条（転用がある場合
には同法5条）に規定する許可があったことを証する情報を提供する必要が
あると考えられる。

登記申請書の例

```
　　　　　　　　　　　登　記　申　請　書

　登記の目的　土地表題登記（所有者等特定不能土地に係る表題登記）

　添付情報
　　土地所在図　地積測量図　所有権証明情報
　　代理権限証明情報　住所証明情報

　令和何年何月何日申請
　　何（地方）法務局何支局（出張所）

　申　請　人　丙市丁町三丁目2番地
　　　　　　　　丙　某

　代　理　人　丁市戊町四丁目3番
　　　　　　　　土地家屋調査士　丁　某　　㊞
　　　　　　　　連絡先の電話番号0000-00-0000
```

不動産番号	1234567890123			
所 在	甲市乙町一丁目			
	①地番	②地目	③地積㎡	登記原因及びその日付
	1234番	田	300	
		宅 地	310 25	所有者等特定不能土地に係る表題登記
	所有者 丙市丁町三丁目2番地 丙 某			

(土地の表示)

ウ 登記記録

所有者等特定不能土地についてする表題登記の登記記録において留意すべき点は、以下のとおりである。

㋐ 地番、地目及び地積欄

従前の登記記録を抹消して新たに地番並びに現況の地目及び地積を登記する。なお、飽くまで表題登記であることから、従前の登記記録の内容から変更がない場合であっても、従前の登記記録の抹消は省略しない。

㋑ 原因及びその日付欄

前記ア㋒のとおり、「所有者等特定不能土地に係る表題登記」と記録し、日付は記録しない。

㋒ 所有者欄

表題部所有者として登記すべき者がない旨の登記を抹消して新たに表題部所有者となる者の氏名又は名称及び住所を記録する。

なお、特定不能土地等管理命令の登記がされている場合には、当該登記は、裁判所書記官による特定不能土地等管理命令の登記の抹消の嘱託に基づいて抹消することとなるため、上記表題登記をする際には抹消しない。このことは、表題登記の後に保存登記がされた場合についても同様である。

登記記録例

表　題　部　（土地の表示）	調整	余　白		不動産番号	1234567890123

地図番号	余　白		筆界特定	余　白

所　　在	甲市乙町一丁目		余　白

①地番	②地目	③地積　㎡	原因及びその日付〔登記の日付〕
1234番	田	300	余　白
1234番	宅地	310:25	所有者等特定不能土地に係る表題登記〔令和何年何月何日〕

所　有　者	甲　某 表題部所有者として登記すべき者がない〔令和元年法律第15号第14条第1項第4号イ〕 手続番号　第○○○○－○○○○－○○○○号 令和元年法律第15号第15条の規定により令和何年何月何日登記 特定不能土地等管理命令 令和何年何月何日何地方裁判所（何支部）決定 特定不能土地等管理者　乙市丙町二丁目1番　乙　某 令和何年何月何日登記 丙市丁町三丁目2番地　丙　某 令和何年何月何日登記

〔参考〕
所有権の保存の登記

所　有　者	甲　某 表題部所有者として登記すべき者がない〔令和元年法律第15号第14条第1項第4号イ〕 手続番号　第○○○○－○○○○－○○○○号 令和元年法律第15号第15条の規定により令和何年何月何日登記 特定不能土地等管理命令 令和何年何月何日何地方裁判所（何支部）決定 特定不能土地等管理者　乙市丙町二丁目1番　乙　某 令和何年何月何日登記 丙市丁町三丁目2番地　丙　某 令和何年何月何日登記

権　利　部　（甲区）	（所有権に関する事項）		
順位番号	登記の目的	受付年月日・受付番号	権利者その他の事項
1	所有権保存	令和何年何月何日 第何号	所有者　丙市丁町三丁目2番地 　　　　丙　某

（注）　表題部所有者に関する登記事項を抹消する記号（下線）を記録する（不登規則158条）。

　　　特定不能土地等管理命令は、所有権の保存の登記を実行した場合であっても、裁判所による抹消の登記の嘱託がなければ抹消することはできない（法20条4項）。

　　　特定社団等帰属土地等管理命令の場合も同様である（法30条2項）。

3 表題部所有者不明土地に表題部所有者として登記すべき者がない旨が登記されている場合（特定社団等帰属土地の場合）

特定社団等帰属土地について表題部所有者として登記すべき者がない旨の登記がされている場合におけるその是正の手続は、基本的に前記2と同様である（なお、「特定不能土地等管理命令」は「特定社団等帰属土地等管理命令」と、「特定不能土地等管理者」は「特定社団等帰属土地等管理者」と、それぞれ読み替えられる。）。

なお、特定社団等帰属土地等管理命令の発令は、特定社団等帰属土地等が帰属する法人でない社団等の代表者又は管理人が選任されておらず、かつ、法人でない社団等の全ての構成員を特定することができず、又はその所在が明らかでない場合に限られている点に注意を要する（法30条1項）。

特定社団等帰属土地については、所有者等特定不能土地と異なり、現に法人でない社団等に属することが前提とされているが、代表者が存しないことなどから表題部所有者不明土地に表題部所有者として登記すべき者がない旨の登記がされている。その後、当該法人でない社団等の代表者が選任されるなどし、代表者名義で表題登記又は保存登記をすることがあり得る。その申請に当たっては、所有権を有することを証する情報として、当該法人でない社団等の規約内容を証する情報及びその代表者を選任したことを証する情報などを提供する必要があると考えられる[3]。

3　表題部所有者不明土地について、登記官による探索の結果、法人でない社団である地縁団体に属すると特定されたが、その代表者を特定することができないために法15条1項4号ロの登記がされた後、当該地縁団体が地方自治法260条の2の規定に基づく認可地縁団体となる場合があり得る。この場合には、当該認可地縁団体を登記名義人として登記することが可能となることから、当該認可に係る告示事項に関する証明書等を「所有権を有することを証する情報」（不登令別表4の項添付情報欄ハ）として提供した上で、当該表題部所有者不明土地について当該認可地縁団体を表題部所有者とする表題登記の申請（不登法36条）をすることができると考えられる。

所有者特定書の例

（例1　氏名のみの土地　過去の所有者を特定）

所有者特定書

手続番号　第5100－2020－0001号
対象土地　A市大字B字C100番3

　上記対象土地について、次のとおり、表題部所有者として登記すべき者に関する判断を行う。
　なお、所有者等探索委員田作調から別添のとおり意見が提出されている。
結　　論
　表題部所有者として登記すべき者を、次のとおりとする。
住所　A市B25番戸
氏名　法務一郎（昭和17年11月25日当時）
理　　由
第1　対象土地の沿革
　1　旧土地台帳の記載事項
　　　対象土地に係る旧土地台帳において、地番区域は表示されていないが、対象土地の所在は、「A市大字B」であり、また、字欄に「C」、地番欄に「100番ノ3」、地目欄に「山林」、地積欄に「1歩」、沿革欄に「昭和17年2月4日本番ノ1ヨリ分筆」、所有／質権／地上権氏名又ハ名称欄に「法務一郎」と記載され、所有／質権／地上権者住所欄は空欄となっている。
　　　なお、分筆の元地である100番1の土地に係る旧土地台帳においては、所有／質取主氏名欄に「法務一郎」と記載され、その後、昭和17年3月14日に「法務二郎」が所有権を取得したものとされているが、所有／質取主住所欄は空欄となっている。
　2　登記簿の記録事項
　　　対象土地について、登記簿と土地台帳・家屋台帳の一元化作業に基づき、登記用紙の表題部の新設が行われ、旧土地台帳中の現に効力を有する登録事項である土地の表示に関するもの及び氏名が当該登記用紙に移記されたが、表題部の所有者欄に住所の記載はない。
　　　その後、対象土地は、地積が平方メートルに書き替えられ、平成8年2月22日、不動産登記の電子化による移記（昭和63年法務省令第37号附則第2条第2項）がされ、現在まで異動はない。
第2　表題部所有者として登記すべき者の判断に関する資料等の調査結果
　1　対象土地の所在地を管轄する登記所に保存されている資料

(1) 登記情報及び閉鎖登記簿

　　対象土地と同一の地番区域にある登記情報及び閉鎖登記簿を調査した結果、「法務一郎」が所有権の登記名義人として記載されている土地が8筆あり、その住所として、「A市B25番戸」と記載されている。また、8筆の内の3筆については、「法務一郎」から、昭和17年11月25日家督相続を原因として「法務二郎」に所有権が移転し、その後、昭和21年12月11日家督相続を原因として「東京法子」に所有権が移転したことが記載されている。

(2) 地図に準ずる図面及び和紙公図

　　対象土地の所在地を管轄する登記所には、不動産登記法（平成16年法律第123号）第14条第4項に規定する地図に準ずる図面（以下「公図」という。）及び和紙公図が保存されているが、いずれの図面にも「法務一郎」の住所又はその特定につながる記載はなかった。

2　官公署に保存されている資料等

(1) 固定資産課税台帳に関する情報

　　対象土地の固定資産課税台帳に関する情報には、所有者の氏名欄に「法務一郎」、所有者の住所欄に「A県A市Bカズコ方」と記載されている。

(2) 戸籍及び除籍の謄本等

　　第2の1(1)から判明した事実を基に、戸除籍謄本等を請求し調査したところ、「法務一郎」は、昭和17年11月25日に死亡したことにより「法務二郎」が家督相続し、その後、「法務二郎」は、昭和22年1月11日に死亡し、「法務法子」が家督相続していた。「法務法子」は、昭和33年2月7日東京太郎との婚姻により「東京法子」となっている。

第3　対象土地の実地調査の結果

1　対象土地の位置の特定

　　対象土地の位置は、公図、住宅地図及び公図と空中写真とを重ね合わせた図面に基づき、おおむね特定することができた。

2　対象土地の現況等

　　令和2年8月1日、対象土地について現地調査を行ったところ、対象土地は、山林ではなく、公衆用道路の一部として供用されていることが認められた。

3　対象土地の関係者に対する調査

(1) 近隣居住者に対する調査

　　令和2年8月1日、対象土地の近隣居住者である「法務登」の住所地を訪問した。同人は、「法務二郎」とその妻「和子」の五女「法務礼子」の夫であり、「和子」の養子であることを陳述した。また、同人は、「法務礼子」が令和元年6月に死亡したこと、「法務一郎」が住

所地付近一帯の土地を所有していたらしいことを陳述した。

(2) 家督相続人に対する調査

令和2年8月1日、家督相続人「東京法子」の住所地を訪問した。同人は、「法務一郎」の曾孫であること及び「法務二郎」の家督相続人であることを認めており、「法務二郎」の死亡に伴う相続登記の際に使用した戸除籍謄抄本を所有していた。

対象土地については、固定資産税の通知が届いていないことから、その存在を知らなかったが、対象土地の近隣である「A市B101番地」（現在、「法務登」が居住している。）に住んでいたことがあると陳述した。

第4 登記官の判断

1 資料に基づく所有者等の特定

(1) 第2の1(1)のとおり、対象土地と同一の地番区域に「法務一郎」が所有権の登記名義人となっていた3筆の土地について、所有権の取得の経緯が戸除籍謄抄本から判明する相続関係と同一であり、所有権の登記名義人である「法務一郎」と除籍に記載された「法務一郎」とは、同一人物と判断することができる。

(2) 第2の2(1)のとおり、対象土地の固定資産課税台帳上の所有者は「A市Bカズコ方」を住所とする「法務一郎」となっている。

A市大字Bの地番区域内に「カズコ方」と同一の字名は存在しない。

一方、除籍謄本等の記載から、「法務一郎」の孫「法務二郎」の妻として「法務和子」がいることから、「カズコ方」の「カズコ」は「法務和子」を指していると考えられる。

(3) 第1の1のとおり、対象土地の旧土地台帳には、昭和17年2月4日に100番1の土地から分筆された旨や「法務一郎」が所有者である旨が記載されている。

また、除籍謄本等によれば、「法務一郎」は、昭和17年11月25日に死亡し、「法務二郎」が家督相続している。

(4) 法務一郎が嘉永6年9月9日から昭和17年11月25日まで生存していたという事実から判断すれば、対象土地の表題部所有者である「法務一郎」は、固定資産課税台帳上の「法務一郎」及び除籍上の「法務一郎」と同一人物であると判断することができる。

したがって、対象土地は、最後の本籍を「A市B25番戸」とする「法務一郎」に所有権が帰属していたと認めるのが合理的である。

なお、「法務一郎」が昭和17年11月25日に死亡していることから、少なくとも同日までは同人に所有権が帰属していたものと判断することができる。

2　占有状況等に基づく所有者等の特定

　　現地調査において、対象土地は、公衆用道路の一部として供用されていることが判明したことから、道路管理者であるＡ市に確認したところ、道路内の民有地については、その所有者及び相続人に対して時効を援用しないこと、及び時効取得の主張をしないことを確認した。

 3　利害関係人等からの意見又は資料の提供

　　近隣居住者及び家督相続人の陳述は、相続関係資料の内容と一致している。

　　また、対象土地の所有者等について、所有者等の探索を開始する旨の公告を開始した令和２年１月20日から30日以上経過し、その間、その他の利害関係人からの意見又は資料の提出はなかった。

 4　結語

　　以上によれば、対象土地については、過去の一定時点（昭和17年11月25日）での所有者（その住所を含む。）を特定することができ、「Ａ市Ｂ25番戸　法務一郎」（住所の記載は最後の本籍を住所と認定したもの）に所有権が帰属していたと特定するのが相当である。

　　よって、表題部所有者不明土地の登記及び管理の適正化に関する法律（令和元年法律第15号）第14条第１項第１号に基づき、対象土地の所有者等を特定することができるため、表題部所有者として登記すべき者を結論のとおり判断した。

　　　　　　　　　　　　　令和●年●月●日
　　　　　　　　　　　　　Ａ法務局
　　　　　　　　　　　　　　登記官　　　　　　登記官印

（例2　氏名のみの土地（宗教法人）　現在の所有者を特定）

　　　　　　　　　　　　　所有者特定書

　手続番号　第5100－2020－0002号
　対象土地　Ａ市Ｂ五丁目100番２

　　上記対象土地について、次のとおり、表題部所有者として登記すべき者に関する判断を行う。

　　　　　　　　　　　　結　　　論
　　表題部所有者として登記すべき者を、次のとおりとする。

主たる事務所　Ａ市Ｂ五丁目20番10号
名　　　称　法務寺
理　　　由

第1　対象土地の沿革
　1　旧土地台帳の記載事項
　　　　対象土地に係る旧土地台帳においては、字欄に「Ｂ」、地番欄に「100番ノ2」、地目欄に「宅地」、反別（地積）欄に「40坪」、所有／質取主氏名欄に「法務寺」と記載され、所有／質取主住所欄は空欄となっている。
　　　　なお、沿革欄には、「明治41年4月18日100番ヨリ分割」と記載されている。
　2　登記簿の記録事項
　　　　対象土地について、登記簿と土地台帳・家屋台帳の一元化作業に基づき、登記用紙の表題部の新設が行われ、旧土地台帳中現に効力を有する登録事項で土地の表示に関するもの及び氏名が、当該登記用紙に移記された。
　　　　なお、地積は、平方メートルの書換えにより「132．23平方メートル」に変更され、所在は、昭和61年11月24日の町名変更により「Ａ市大字Ｂ」から現在の所在となっている。
　　　　その後、平成9年10月8日、不動産登記の電子化による移記（昭和63年法務省令第37号附則第2条第2項）がされ、現在まで異動はない。
第2　表題部所有者として登記すべき者の判断に関する資料等の調査結果
　1　対象土地等の所在地を管轄する登記所に保存されている資料
　（1）　登記簿及び旧土地台帳
　　ア　Ａ市Ｂ五丁目100番1の土地（以下、同所在の土地については、地番のみで表記する。）について
　　　㋐　対象土地の分筆元地である100番1の旧土地台帳には、沿革欄に、「明治44年4月18日分割ニ付2ヲ付シ別紙ニ掲載ス」、所有／質取主氏名欄に「法務寺」と記載され、所有／質取主住所欄は空欄となっている。
　　　　　その後、「法務寺」から「農林省」、「Ａ市Ｂ五丁目20番10号大坂登」に所有権が移転した旨の記載がされ、現在、登記記録によると、「大坂登」から相続を原因として所有権の移転の登記がされ、「大坂供子」が所有権の登記名義人となっている。
　　　　　なお、地目は、昭和60年3月20日に「田」から「学校用地」に変更されている。
　　　㋑　100番1の土地上には、昭和46年3月日不詳新築の家屋番号100番1の建物の登記があり、種類は「保育所」、所有者は「Ａ市大

字Ｂ2000番地　法務寺」と記録されている。

　イ　2000番１について

　　　対象土地に隣接する2000番１の土地の登記記録によると、地目は「境内地」、所有権の登記名義人は「Ａ市Ｂ五丁目20番10号　法務寺」であり、登記原因は「昭和28年３月10日承継」と記録されている。

　　　また、2000番１の土地の閉鎖登記簿からは、所有者が「大蔵省」から昭和26年３月31日譲与により「Ａ村大字Ｂ2000番　法務寺」に移転し、昭和28年３月10日承継により「Ａ市Ｂ五丁目20番10号　法務寺」に移転していることを確認することができる。

⑵　地図、閉鎖地図及び閉鎖和紙公図

　　対象土地の所在地を管轄する登記所には、不動産登記法（平成16年法律第123号）第14条第４項に規定する地図に準ずる図面、当該図面の備付けに伴い閉鎖された図面及び閉鎖和紙公図が保存されているが、「法務寺」の住所又はその特定につながる記載はなかった。

　　なお、地図上において、対象土地は、100番１、2000番１、水路及び道路と接している。

⑶　法人登記記録等

　　「法務寺」の法人の登記情報及び閉鎖登記簿を調査した結果、対象土地と同一地番区域内に同一名称の宗教法人が１法人存在した。その法人の名称は「法務寺」、主たる事務所は「Ａ市Ｂ五丁目20番10号」、代表役員の氏名は「大坂一登」、法人成立の年月日は「昭和28年３月10日」と記録されている（以下「宗教法人法務寺」という。）。

　　なお、管轄する登記所には、昭和28年３月10日以前の法人の閉鎖登記簿は保管されていなかったが、宗教法人法務寺の法人成立の年月日は、「昭和28年３月10日」であり、⑴イの「法務寺」の承継による所有権の移転の登記原因の年月日と一致している。

　　さらに、宗教法人法務寺の登記情報によれば、前代表役員は「大坂登」であり、主たる事務所の所在は「Ａ市Ｂ2000番地」から昭和61年11月24日住居表示実施により「Ａ市Ｂ五丁目20番10号」に変更されていることを確認することができる。

２　官公署に保存されている資料等

　　Ａ市から提供のあった土地課税台帳の写し及び土地台帳情報には、所有者「Ａ市Ｂ５丁目20番10号　法務寺」、義務者「Ａ市Ｂ５丁目20番10号　宗教法人法務寺」と記載されている。

３　対象土地の関係人に対する調査

　　対象土地の隣接地2000番１の土地に本堂を有する宗教法人法務寺及び隣接地100番１の土地に存在する法務寺保育園の代表役員である大坂一

登（以下「大坂氏」という。）に、令和2年8月3日、現地調査の立会の際、対象土地の沿革及び所有の意思等を聴取したところ、対象土地が100番1の土地から分筆した経緯は不明だが、法務寺保育園の敷地の一部として100番1の土地と一体的に使用しており、宗教法人法務寺の所有地として管理している旨の証言を得た。

第3　対象土地の実地調査の結果

1　対象土地の位置の特定

　　対象土地を表示する不動産登記法第14条第4項に規定する地図、住宅地図、航空写真に基づき対象土地の位置を特定することができた。

2　対象土地の現況等

　　令和2年9月3日、対象土地について現地調査を行ったところ、対象土地は、宗教法人法務寺が所有する法務寺保育園の建物の敷地の一部として100番1の土地と一体的に使用されており、対象土地を占有している第三者や工作物は認められなかった。

第4　登記官の判断

1　資料に基づく所有者等の特定

　　第1の1及び第2の1(1)ア(ア)のとおり、対象土地は、100番1の土地から分筆により形成されたものであり、双方の土地の所有者として旧土地台帳上に記載されている「法務寺」は同一法人と判断することができ、さらに、第2の1(1)イ及び第2の1(3)を踏まえると、旧宗教法人の当該「法務寺」は、宗教法人法（昭和26年法律第126号）附則第18項の規定により宗教法人法務寺に権利義務が承継されたものと判断することができる。

　　そして、対象土地は、第3の2のとおり、宗教法人法務寺が所有する法務寺保育園の建物の敷地として100番1の土地と一体的に使用・管理されていて、第2の2のとおり、土地課税台帳の写し及び土地台帳情報には、所有者「A市B5丁目20番10号　法務寺」、義務者「A市B5丁目20番10号　宗教法人法務寺」と記載され、第2の3のとおり、宗教法人法務寺及び隣接地100番1の土地に存在する法務寺保育園の代表役員である大坂氏は宗教法人法務寺の所有地として管理している旨の証言をしている。

　　よって、上記の事実及び占有状況等を踏まえると、対象土地は、旧宗教法人の「法務寺」に所有権が帰属していたものであり、現在、主たる事務所を「A市B五丁目20番10号」とする「法務寺」に所有権が帰属していると認めるのが合理的である。

2　占有状況等に基づく所有者等の特定

　　第3の2の現地調査において、対象土地は宗教法人法務寺が使用・管理している法務寺保育園の敷地であることを確認することができ、その

者を除き、対象土地を占有又は使用している者の存在を確認することはできなかった。

3　利害関係人からの意見又は資料の提供

　　対象土地の所有者等について、所有者等の探索を開始する旨の公告を開始した令和元年12月25日から令和2年9月5日までの間に、利害関係人からの意見又は資料の提供はなかった。

4　結語

　　以上によれば、対象土地については、現在の所有者を特定することができ、主たる事務所を「A市B五丁目20番10号」とする「法務寺」に所有権が属すると特定するのが相当である。

　　よって、表題部所有者不明土地の登記及び管理の適正化に関する法律（令和元年法律第15号）第14条第1項第1号に基づき、対象土地の所有者等を特定することができるため、表題部所有者として登記すべき者を結論のとおり判断した。

令和●年●月●日
A法務局C支局
登記官　　　　［登記官印］

（例3　氏名のみの土地　登記すべき者がない）

所有者特定書

手続番号　第5100-2020-0003号
対象土地　A市B一丁目300番

　上記対象土地について、次のとおり、表題部所有者として登記すべき者に関する判断を行う。

　なお、所有者等探索委員田作調から別添のとおり意見が提出されている。

結　　論

　対象土地の所有者等を特定することができないので、表題部所有者として登記すべき者がない（表題部所有者不明土地の登記及び管理の適正化に関する法律（令和元年法律第15号）第14条第1項第2号、第4号イ）。

理　　由

第1　対象土地の沿革

　1　旧土地台帳の記載事項

　　　対象土地に係る旧土地台帳においては、字欄に「C」、地番欄に「300

番」、地目欄に「墳墓地」、反別（地積）欄に「11歩」、所有／質取主氏名欄に「訟務一郎」と記載され、所有／質取主住所欄は空欄となっている。

2 登記簿の記録事項

対象土地について、登記簿と土地台帳・家屋台帳の一元化作業に基づき、登記用紙の表題部の新設が行われ、旧土地台帳中現に効力を有する登録事項で、土地の表示に関するもの及び氏名が当該登記用紙に移記された。

ただし、所有者欄の「訟務」は「設務」とも判読し得る表記となっている。

その後、対象土地を含む地域は、国土調査法（昭和26年法律第180号）による地籍調査（以下「国土調査」という。）が実施され、その成果として、平成3年12月10日、対象土地の地目が墓地に改記され、対象土地の地積が39平方メートルに更正された。

また、所在は、昭和59年9月1日にA市B町CからA市B一丁目に行政区画の変更をしている。

第2 表題部所有者として登記すべき者の判断に関する資料等の調査結果

1 対象土地の所在地を管轄する登記所に保存されている資料

(1) 登記簿及び旧土地台帳

対象土地と同一の地番区域にある登記情報及び閉鎖登記簿を調査した結果、「訟務一郎」又は「設務一郎」と同一の氏名が表題部所有者又は所有権の登記名義人として登記されている土地はなかった。

また、対象土地と同一の地番区域にある旧土地台帳を調査した結果、「訟務一郎」又は「設務一郎」と同一の氏名が所有者として登録されている土地はなかった。

(2) 地図、閉鎖地図及び閉鎖和紙公図並びに地籍簿

対象土地の所在地を管轄する登記所には、不動産登記法（平成16年法律第123号）第14条第1項に規定する地図、当該地図の備付けに伴い閉鎖された地図及び閉鎖和紙公図が保存されているが、「訟務一郎」又は「設務一郎」の住所及びそれらの特定につながる記載はなかった。

なお、国土調査による成果として送付された地籍簿には、所有者として「設務一郎」が記載され、その住所は「B町300」と記載されていた。

2 官公署に保存されている資料等

(1) 固定資産課税台帳の情報

固定資産課税台帳の情報には、所有者氏名として「設務一郎」、所有者住所として「A市B町300番地」、備考欄に、「平成31年度非課税、

所有者氏名相違、住所は現在住居表示なし、登録住所真偽不明」と記載されている。

(2) 名寄帳

名寄帳には、納税義務者として、住所「Ａ市Ｂ町300番地」、氏名「設務一郎」と記載されている。

(3) 墓地台帳

対象土地の墓地台帳をＡ市に対して請求したが、該当するものはなかった。

(4) 地籍調査票

地籍調査票の所有者意見欄及び備考欄（現地調査の年月日及び立会人氏名）は記載がなく、「訟務一郎」又は「設務一郎」の住所又はその特定につながる記載はなかった。

(5) 戸籍及び除籍の謄本等

対象土地の所在を本籍として「訟務一郎」及び「設務一郎」の戸籍及び除籍の謄本等の交付の請求をしたが、該当する戸籍及び除籍等はなかった。

また、対象土地の墓地を以前管理していた宗教法人民訟寺（以下「民訟寺」という。）の住職の戸籍及び除籍の謄本を調査したが、「訟務一郎」又は「設務一郎」につながる記載はなかった。

(6) 住民票の写し

地籍簿及び名寄帳に記載されている住所に基づいて「訟務一郎」及び「設務一郎」の住民票の写しの交付の請求をしたが、該当する住民票はなかった。

第3 対象土地の実地調査の結果

1 対象土地の位置の特定

対象土地を表示する不動産登記法第14条第1項に規定する地図及び住宅地図に基づき対象土地の位置をおおむね特定することができた。

2 対象土地の現況等

令和元年12月4日、現地調査を行ったところ、対象土地は、Ａ市Ｂ一丁目298番1の土地及び299番1の土地と一体として民訟寺の墓地の一画として利用されていた。そして、対象土地には様々な家の多数の墓石が乱雑に置かれ、中には刻字を読み取ることが困難なほど古い墓石もあり、「訟務一郎」又は「設務一郎」につながる刻字を確認することはできなった。

なお、現在、対象土地を含む当該墓地は、近隣の宗教法人行訟寺（以下「行訟寺」という。）が管理を行っている。

3 管理者に対する調査

令和2年3月14日、対象土地の墓地の現在の管理者である行訟寺の住

職（民訟寺の住職も兼務）に対して、対象土地及び「訟務一郎」について聴取したが、所有者に関する情報は得られなかった。

　なお、時効取得の援用に関する供述はなかった。

第4　登記官の判断

　1　資料に基づく所有者等の特定

　　　第2及び第3の調査のとおり、「訟務一郎」又は「設務一郎」若しくはそれらの相続人等を特定することはできず、また、所有権が帰属しているものを特定することもできない。

　2　占有状況等に基づく所有者等の特定

　　　第3のとおり、現地調査においては対象土地を管理している者は行訟寺の住職であることを確認することができたが、対象土地及びその所有者に関する聴取に際して、行訟寺の住職と民訟寺の住宅に居住する者からは時効取得の援用に関する供述はなかった。

　　　さらに、対象土地上の墓石は、長期間清掃等がされている形跡がないなど、墓地としての利用を確認することはできず、行訟寺及び民訟寺以外の者が占有している実態は見受けられなかった。

　　　これらを踏まえると積極的に取得時効を認めるべき状況にはない。

　3　利害関係人からの意見又は資料の提供

　　　対象土地の所有者等について、所有者等の探索を開始する旨の公告を開始した令和元年12月18日から令和2年7月29日までの間に、利害関係人からの意見又は資料の提供はなかった。

　4　結語

　　　よって、表題部所有者不明土地の登記及び管理の適正化に関する法律第14条第1項第2号及び第4号イに基づき、対象土地の所有者等を特定することができないため、表題部所有者として登記すべき者がないと判断した。

令和●年●月●日
D地方法務局
登記官　　　　登記官印

（例4　字持地　市を特定）

所有者特定書

手続番号　第5100－2020－0004号

対象土地　A市B字C400番2

上記対象土地について、次のとおり、表題部所有者として登記すべき者に関する判断を行う。

　なお、所有者等探索委員田作調から別添のとおり意見が提出されている。

結　　論

　表題部所有者として登記すべき者を、次のとおりとする。

　名　称　Ａ市

理　　由

第1　対象土地の沿革

　1　旧土地台帳の記載事項

　　　対象土地に係る旧土地台帳には、字欄に「Ｃ」、地番欄に「400番2」、地目欄は「山林」と記載された後「学校敷地」と変更され、反別欄（地積）欄に「5畝9歩」、所有／質権／地上権者氏名欄に「大字Ｂ」と記載され、所有／質権／地上権者住所欄は空欄になっている。

　　　なお、沿革欄には「大正12年3月22日学校敷地成12年3月31日通知ヲ受ケ12年8月7日処理」と記載されている。

　2　登記簿の記録事項

　　　対象土地について、登記簿と土地台帳・家屋台帳の一元化作業に基づき、登記用紙の表題部が新設され、旧土地台帳中現に効力を有する登録事項で、土地の表示に関するもの及び氏名が当該登記用紙に移記されたが、移記の際に地目欄は「学校用地」と記載されている。

　　　その後、対象土地の地積は平方メートルへ書替が行われ、525平方メートルとなり、平成18年9月10日、不動産登記の電子化による移記（昭和63年法務省令第37号附則第2条第2項）がされ、現在まで異動はない。

　　　また、所在は、平成21年4月1日行政区画変更を原因として、平成21年5月20日に「Ａ市Ｂ字Ｃ」に変更されている。

第2　表題部所有者として登記すべき者の判断に関する資料等の調査結果

　1　対象土地の所在地を管轄する登記所に保存されている資料

　(1)　登記簿及び旧土地台帳

　　ア　対象土地に係る旧土地台帳の様式は、明治39年頃に使用されていた様式であることを確認することができることから、対象土地は明治39年頃から大正13年3月21日までの間に、地租を徴収するために所有者氏名欄に「大字Ｂ」として登録されたものと判断できる。

　　イ　対象土地と同一の地番区域にある土地の登記情報、閉鎖登記簿及び旧土地台帳を調査した結果、「大字Ｂ」と同一の名称が表題部所有者として登記されている土地が複数あったが、いずれにも住所の記載はなかった。

ウ　対象土地の東側に隣接するＡ市Ｂ字Ｃ400番1（以下、所在が同一の場合は地番のみで表記する。）は、対象土地近隣の405番及び408番とともに、平成21年3月21日、所有者錯誤を原因とし、表題部所有者を「大字Ｂ」から大字Ｂの代表者である甲村大字Ｂ1000番地桜田守（以下「桜田氏」という。）と更正する登記が申請され、同日登記された。その後、登記名義人を桜田氏とする所有権の保存の登記を経て、平成21年5月9日、桜田氏からＡ市Ｂ900番地Ｂ区（以下「Ｂ区」という。）へ、平成14年12月11日委任の終了を原因とする所有権の移転の登記がされている。

エ　対象土地近隣の398番、399番及び399番2は、所有権登記名義人は個人であるが、地目は学校用地と登記されている。

オ　対象土地の北側に隣接する601番は、所有権登記名義人は乙村大字Ｂ601番霞関神社（以下「霞関神社」という。）、地目は境内地と登記されている。

(2)　地図に準ずる図面及び閉鎖和紙公図

対象土地の所在地を管轄する登記所には、不動産登記法（平成16年法律第123号）第14条第4項に規定する地図に準ずる図面及び閉鎖和紙公図が保存されているが、「大字Ｂ」の名称又はその特定につながる記載はなかった。

2　官公署に保存されている資料等

(1)　固定資産課税台帳情報

対象土地の固定資産課税台帳に関する情報には、土地所有者等欄に「所有者住所不明（非課税地）　大字Ｂ」と記載されているが、所有者の特定につながる記載はなかった。

(2)　財産管理台帳等

対象土地は、その表題部所有者の名称から推測するとＡ市が所有者とも考えられるため、同市が管理する財産管理台帳の資料の交付を請求したところ、千代田小学校の敷地として明治期からＡ市が管理所有している土地として、当該財産管理台帳に記載されている旨の回答があった。

(3)　地縁による団体の認可申請書

Ａ市には、Ａ市Ｂの全域を区域とするＢ区を市長の認可を受けた地縁による団体とすることを目的として、その代表者から地方自治法（昭和22年法律第67号）第260条の2第2項の規定に基づき申請された書類が保管されている。当該書類の中には、保有及び保有予定資産目録（以下「認可申請添付資産目録」という。）が添付されているが、当該目録には対象土地が記載されていない。また、Ａ市が作成した地縁団体台帳には、Ｂ区が記載され、令和2年10月12日付けの地縁団体

台帳の写しによると清算結了等の記載もないことから、B区は現在も存続している。

第3　対象土地の実地調査の結果

1　対象土地の位置の特定

対象土地を表示する不動産登記法第14条第4項に規定する地図に準ずる図面及び住宅地図に基づき対象土地の位置をおおむね特定することができた。

2　対象土地の現況等

令和2年9月25日、所有者等探索委員が実地調査を行ったところ、対象土地は、令和元年3月31日に閉校したA市立千代田中学校（以下「千代田中学校」という。）の敷地の一部となっていることを確認することができた。

現在、対象土地を含む当該学校敷地は、A市が維持管理を行っている。

なお、対象土地の北側及び東側に隣接する401番及び400番1は霞関神社の境内地と一体として利用されており、近隣住民が維持管理していることを確認することができた。

3　本件関係者への聴取

(1)　令和2年9月28日、所有者等探索委員が本件関係者に対し、対象土地及び周辺土地について聴取したところ、次の回答などを得た。

なお、本件関係者は、B区の会計担当役員である。

ア　対象土地は、霞関神社境内地（401番）への参道の西側に接する400番1の西側に隣接していると認識しているが、400番1と対象土地との境界は明確には分からない。

イ　対象土地は、千代田中学校の給食棟の敷地及び同校敷地内の通路として利用されていると認識している。

(2)　令和2年10月30日、B区代表者であるA市B427番地1桜田歩（以下「B区長」という。）に対し、対象土地及び周辺土地について聴取したところ、次の回答を得た。

対象土地は、千代田中学校敷地としてA市が所有及び管理していると認識しており、B区の資産とは認識していない。

第4　登記官の判断

1　利害関係人からの意見又は資料の提供

B区長からB区が保管する保有資産目録（以下「B区資産目録」という。）が提示されたほか、対象土地の所有者等について、所有者等の探索を開始する旨の公告を開始した令和2年1月30日から令和2年10月30日までの間に、利害関係人からの意見又は資料の提供はなかった。

2　資料に基づく所有者等の特定

(1) 第1の1のとおり、旧土地台帳の沿革欄に「学校敷地成」との記載があるものの、いわゆる「官有道路成」のように民有から官有への所有権移転を伴う地目変更の記載とは認められないため、所有者に変更はないと判断するのが相当である。

(2) 一方、第2の2(2)のとおり、対象土地は、その表題部所有者の名称から、①地方自治法（昭和22年法律第67号）第294条第1項の財産区である場合、②部落会町内会等整理要領（昭和15年内務省訓令第17号）における町内会の所有財産であったが、その後、(i)「昭和20年勅令第542号ポツダム宣言の受諾に伴い発する命令に関する件に基く町内会部落会又はその連合会等に関する解散、就職禁止その他の行為の制限に関する政令」（昭和22年政令第15号）第2条第1項により処分されている場合、(ii)同条第2項により当該町内会の属する市町村に帰属した場合が考えられるが、第2の2(2)のとおり、A市の財産管理台帳に記載されていることから、②(ii)と判断するのが合理的であり、いずれにせよA市が所有していると判断するのが相当である。

(3) なお、上記1のとおり提示されたB区資産目録は、認可申請添付資産目録と同じものであり、対象土地がB区資産目録に記載されていないこと、及びB区長の証言から、対象土地はB区が所有する土地ではないと判断することができる。

3 占有状況等に基づく所有者等の特定

　　第3の2のとおり、A市が維持管理しており、その者を除き、対象土地を占有又は使用している者の存在を確認することはできなかった。

4 結語

　　以上によれば、対象土地については、現在の所有者を特定することができ、A市に所有権が帰属すると特定するのが相当である。

　　よって、表題部所有者不明土地の登記及び管理の適正化に関する法律（令和元年法律第15号）第14条第1項第1号に基づき、対象土地の表題部所有者として登記すべき者については、結論のとおり判断するのが相当である。

令和●年●月●日
D地方法務局F支局
登記官　　　　　　登記官印

（例5　字持地　登記すべき者がない）

所有者特定書

手続番号　第5100－2019－0005号
対象土地　Ａ市Ｂ町Ｃ字Ｄ5000番

　上記対象土地について、次のとおり、表題部所有者として登記すべき者に
関する判断を行う。
　なお、所有者等探索委員田作調から別添のとおり意見が提出されている。

結　　論

　対象土地の所有者等を特定することができないので、表題部所有者として
登記すべき者がない（表題部所有者不明土地の登記及び管理の適正化に関す
る法律（令和元年法律第15号）第14条第1項第2号、第4号イ）。

理　　由

第1　対象土地の沿革
　1　旧土地台帳の記載事項
　　　対象土地に係る旧土地台帳においては、字欄に「Ｄ」、地番欄に「5000
　　番」、地目欄に「池沼、井戸敷」、反別（地積）欄に「4歩」、所有／質
　　取主氏名欄に「Ｄ組」と記載され、所有／質取主住所欄は空欄となって
　　いる。
　2　登記簿の記録事項
　　　対象土地について、登記簿と土地台帳・家屋台帳の一元化作業に基づ
　　き、登記用紙の表題部の新設が行われ、旧土地台帳中現に効力を有する
　　登録事項で、土地の表示に関するもの及び氏名が当該登記用紙に移記さ
　　れた後、対象土地の地積欄の「4歩」は、平方メートルに書き換えら
　　れ、「13平方メートル」に変更されている。
　　　その後、対象土地を含む地域は、国土調査法（昭和26年法律第180号）
　　による地籍調査（以下「国土調査」という。）が実施され、その成果と
　　して、昭和61年2月14日、対象土地の地積が「23平方メートル」に更正
　　された。
　　　また、平成11年2月10日、不動産登記の電子化による移記（昭和63年
　　法務省令第37号附則第2条第2項）がされ、所在については、平成17年
　　8月12日に、平成17年8月1日行政区画変更を原因として、「Ａ市Ｂ町
　　Ｃ字Ｄ」に変更されている。
第2　表題部所有者として登記すべき者の判断に関する資料等の調査結果
　1　対象土地の所在地を管轄する登記所に保存されている資料
　(1)　登記簿及び旧土地台帳

対象土地と同一及びその周辺の地番区域にある登記情報及び閉鎖登
　記簿を調査した結果、「D組」と同一の名称が表題部所有者又は所有
　権の登記名義人として登記されている土地はなかった。
　　また、対象土地と同一及びその周辺の地番区域にある旧土地台帳を
　調査した結果、「D組」と同一の名称が所有者として登録されている
　土地はなかった。
⑵　法人登記情報及び閉鎖登記簿
　　対象土地の表題部所有者である「D組」という名称について、法人
　登記情報及び閉鎖登記簿を調査したところ、「D組」と同一の名称と
　する法人は登録されていなかった。
⑶　地図、閉鎖地図及び閉鎖和紙公図並びに地籍簿
　　対象土地の所在地を管轄する登記所には、国土調査による成果が登
　記され、不動産登記法（平成16年法律第123号）第14条第1項地図と
　して、地籍図を電子化した地図（以下「本件地籍図」という。）が備
　え付けられるとともに、本件地籍図の備付けに伴い閉鎖された旧土地
　台帳附属地図（和紙公図）が保管されているが、「D組」につながる
　記載はなかった。
2　官公署に保存されている資料等
⑴　固定資産課税台帳の写し
　　対象土地の固定資産課税台帳の写しには、納税義務者として「（住
　所）不明D組」と記載されている。
⑵　財産管理台帳等の写し
　　A市に対し、対象土地に係る財産管理台帳及び財産区台帳の交付を
　請求したところ、対象土地は、A市所有の土地ではない旨、また、A
　市B町C財産区所有の土地ではない旨の回答があった。
⑶　認可地縁団体台帳の写し
　　A市に対し、対象土地の表題部所有者に係る認可地縁団体台帳の交
　付を請求したところ、「D組」は、A市の地方自治法第260条の2に規
　定する認可地縁団体ではない旨の回答があった。
⑷　ため池台帳の写し
　　A市に対し、対象土地に係るため池台帳の交付を請求したところ、
　対象土地のため池台帳は存在しない旨の回答があった。
⑸　地籍調査票
　　対象土地の地籍調査票における地籍調査前の土地の表示欄には、所
　有者欄に「D組」と名称のみが記載され、登記関係所有権欄には㋺と
　表示されているところ、本件地籍図には、対象土地の区画及び地番が
　表示されているが、地籍調査票の地籍調査後の土地の表示欄の所有者
　意見欄には、立会人の署名・押印がされていない。

第3　対象土地の実地調査の結果

1　対象土地の位置の特定

　　対象土地は、本件地籍図、住宅地図及び空中写真に基づき、その位置を特定することができた。

　　なお、対象土地を明確に区画する境界標等は設置されていない。

2　対象土地の現況等

　　対象土地周辺は、過去この地区に洪水があり、その後に字D地区に移住した者が開拓し、対象土地は、当該地区に上水道が引かれるまでの間、生活用水を提供する共同の水汲場として利用されていたとされる井戸が現存しており、現在、D地区の地域住民が構成するA市の自治会の一つである「D町内会」が管理している。

3　対象土地の管理者等に対する調査

⑴　対象土地の管理者であるD町内会長（以下「管理者」という。）に対して、令和2年8月9日、対象土地及び「D組」について聴取したところ、対象土地は、「D町内会」が管理しているものの、対象土地を所有しているという認識はなく、「D組」についても承知していない。また、「D町内会」は、認可地縁団体としての届出・認可はなく、対象土地を管理者個人の所有とすることも考えていない旨の証言があった。

⑵　対象土地から約90メートル南側に位置するA市B町C字D5234番地（「D町内会」の氏神が祭られた社が築造されている。以下「調査土地」という。）の3名の共有者である所有権の登記名義人の一人である「秋田夏男」（以下「関係人」という。）に対して、令和2年12月12日、対象土地及び調査土地並びに「D組」について聴取したところ、関係人は、調査土地の共有者であるとの認識はなく、対象土地及び調査土地を「D町内会」が管理しているものと認識しているが、「D町内会」は、組織した団体ではなく、規約や保有資産目録等はない旨の証言があった。

第4　登記官の判断

1　資料に基づく所有者等の特定

　　第2及び第3のとおり、収集した資料等に基づいて「D組」を特定することができず、また、対象土地の所有者等を特定することもできない。

2　占有状況等に基づく所有者等の特定

　　第3の2のとおり、現地調査においては、D町内会の地域住民が対象土地を管理していることは確認できたものの、第3の3のとおり、管理者及び関係人の証言から、「D町内会」が対象土地を管理しているものの、町内会や管理者等の個人が所有しているとの認識はなく、そのほ

か、特定の者の共有地であるとの認識もない。

　一般的に、表題部所有者欄に「○組」や「大字○」などと記載されている字持地は、実体的に町内会等の構成員の共有財産又は当該町内会が属する市区町村に帰属している場合のほか、地縁団体等の法人でない社団等に属する場合があると考えられるところ、第2及び第3の事実からすれば、対象土地は、A市に帰属しておらず、D町内会の地域住民が共同で利用していたことが認められるものの、特定の者による狭義の共有であるとはいえない。

　加えて、「D組」又は「D町内会」に帰属していると認定できる的確な資料はなく、その他対象土地の所有権の帰属先である法人でない社団等を具体的に特定することができる資料もない。

　よって、対象土地の所有者等を特定することができない。

3　利害関係人からの意見又は資料の提供

　対象土地の所有者等について、所有者等の探索を開始する旨の公告を開始した令和元年12月18日から令和2年12月10日までの間に、利害関係人からの意見又は資料の提供はなかった。

4　結語

　よって、表題部所有者不明土地の登記及び管理の適正化に関する法律第14条第1項第2号及び第4号イに基づき、対象土地の所有者等を特定することができないため、表題部所有者として登記すべき者がないと判断した。

令和●年●月●日

J地方法務局A支局

登記官　　　　　登記官印

（例6　記名共有地　登記すべき者がない）

```
┌─────────────────────────────────────────────────────────┐
│                    所有者特定書                          │
│                                                          │
│                                                          │
│  手続番号　　第5100－2020－0006号                        │
│  対象土地　　A市B町字C20000番                            │
│                                                          │
│    上記対象土地について、次のとおり、表題部所有者として登記すべき者に │
│  関する判断を行う。                                      │
│    なお、所有者等探索委員田作調から別添のとおり意見が提出されている。 │
│                    結　　論                              │
│    対象土地の所有者等を特定することができないので、表題部所有者として │
│  登記すべき者がない（表題部所有者不明土地の登記及び管理の適正化に関す │
│  る法律（令和元年法律第15号）第14条第1項第2号、第4号イ）  │
│                    理　　由                              │
│  第1　対象土地の沿革                                     │
│    1　旧土地台帳の記載事項                               │
│        対象土地に係る旧土地台帳においては、字欄に「C」、地番欄に「1000 │
│      番」、地目欄に「山林草山」、反別（地積）欄に「6反2畝8歩」、所 │
│      有／質取主氏名欄に「平河千之丞外99人」と記載され、所有／質取主住 │
│      所欄は空欄となっている。                            │
│    2　登記簿の記録事項                                   │
│        対象土地について、登記簿と土地台帳・家屋台帳の一元化作業に基づ │
│      き、登記用紙の表題部の新設が行われ、旧土地台帳中現に効力を有する │
│      登録事項で、土地の表示に関するもの及び氏名が当該登記用紙に移記さ │
│      れた。                                              │
│        その後、地積は、尺貫法からメートル法への書換えにより6175平方 │
│      メートルに書き換えられ、地番は20000番に変更された。 │
│  第2　表題部所有者として登記すべき者の判断に関する資料等の調査結果 │
│    1　対象土地の所在地を管轄する登記所に保存されている資料 │
│    (1)　登記簿及び旧土地台帳                             │
│        対象土地と同一の地番区域にある登記情報及び閉鎖登記簿を調査し │
│      た結果、A市B町字D30000番の土地について「平河千之丞」と同姓 │
│      同名の者が所有権の登記名義人として登記されており、「A市E町」 │
│      と住所の記載があった。さらに、A市E町字内郷49番4には、共有者 │
│      として、「A市B町800番邸平河千之丞」と登載されている。 │
│        対象土地の所在地を管轄する登記所（以下「管轄登記所」という。） │
└─────────────────────────────────────────────────────────┘
```

には、土地の共有者が誰であるかを記した共有連名簿が保存されているが、対象土地が該当する旧Ｂ村の共有連名簿には、対象土地の名簿が存在しない。

　　また、Ａ市にも外99人に関する資料は見当たらない。

　(2)　地図、閉鎖地図及び閉鎖和紙公図

　　対象土地の所在地を管轄する登記所には、不動産登記法（平成16年法律第123号）第14条第4項に規定する地図に準ずる図面及び閉鎖和紙公図が保存されているが、「平河千之丞」の住所及び外99人に関すること又はその特定につながる記載はなかった。

　2　官公署に保存されている資料等

　(1)　戸籍及び除籍の謄本等

　　収集した戸除籍等から、「平河千之丞」に係る法定相続人が判明した。

　　「平河千之丞」は、昭和17年10月14日死亡し、平河百助が家督相続しており、その最後の本籍地はＡ市Ｅ町300番地の1であり、その相続人は、平河十郎ほか複数人存在する。

　(2)　固定資産課税台帳に関する情報

　　固定資産課税台帳には、所有者として「平河千之丞外99名」と記載されているほか、住所は「Ａ市Ｂ町7000番地」と記載されており、平河千之丞、その相続人及び外99人に課税されていないことを確認することができる。

　　なお、納税義務者の住所が記載された経緯を固定資産税課に確認したが、当該経緯を示す資料はなかった。

第3　対象土地の実地調査の結果

　1　対象土地の位置の特定

　　対象土地の地番は、不動産登記法第14条第4項に規定する地図に準ずる図面には表記されていないが、所有者等探索委員の調査及び意見書添付の市役所参考図と空中写真の重ね図から、地図に準ずる同図面の無番地部分が対象土地であり、対象土地の位置を特定した。

　　なお、平成23年度に管轄登記所の地図情報と登記情報の突合作業を実施しているが、対象土地の地番が地図に準ずる図面に表記されていない理由及び経緯は不明である。

　　なお、対象土地を明確に区画する境界標等は設置されていない。

　2　対象土地の現況及び占有状況

　　対象土地について、令和2年1月5日に登記官が、令和2年7月30日に所有者等探索委員が、それぞれ現地調査を行った。

　　古池と呼ばれるため池の道路を挟んだ向かい側南西部分に位置する、市営住宅の敷地とその進入路、健康施設Ｃの敷地、法面及び公衆用道路

として利用されていることを確認することができた。

3　地域住民等の証言

(1)　令和2年1月20日及び同年6月20日、A市まちづくり推進課担当者から、対象土地には市営住宅が建っており、契約書は交わしていないが、A市が地元の町内会であるC町内会に賃料を払い借りている土地であり、対象土地は、C町内会の共有地という認識である旨の証言があった。

(2)　令和2年2月14日、地域住民である古老から、対象土地は、昔は共有林であったが、町内会のものかどうかは分からない旨の証言があった。

(3)　令和2年9月26日、地域住民でありB町の平河一族の総本家と名乗る古老から、対象土地を含む市営住宅が建っている土地は、集落のものである旨の証言があった。

(4)　令和2年8月20日、C町内会長から、対象土地は、地域で管理している土地という認識を持っている旨の証言があった。

(5)　令和2年9月5日、「平河千之丞」の法定相続人である平河十郎からは、平河千之丞のことは知っているが、対象土地のことは先代がA市と市営住宅の件で話をしたことがあることを知っている程度であり、外99人の詳細も不明であり、B町の地域で対象土地が町内会のものであると認識されているのであればそのとおりである旨の証言があり、自己又は平河千之丞の親族の所有地であるとの認識はない。

第4　登記官の判断

1　資料に基づく所有者等の特定

(1)　第2の1(1)、第2の2(1)及び第3の3(5)から、「平河千之丞」は、最後の住所を「A市E町300地の1」とする「平河千之丞」と判断することができるが、第3の3(5)のとおり、同人の法定相続人は、対象土地が自己又は平河千之丞の親族の所有地との認識を持っていない。

(2)　第2及び第3のとおり、「外99人」については、調査を尽くしても住所氏名が判明しない。

(3)　第2の2(2)のとおり、対象土地は「平河千之丞」の相続人を含めて固定資産税が課税されていない。

(4)　第3の2のとおり、対象土地は、市営住宅の敷地やその他の公共的な利用がされており、第3の3(1)のとおり、契約書を取り交わしていないが、A市は市営住宅の地代をC町内会に支払っている。

(5)　A市は、C町内会について、名称「C町内会」、認可地縁団体の届出「無」、代表者「F」と把握しているところ、代表者Fは対象土地について、C町内会が管理しているが、C町内会として所有の意志はない旨証言している。

(6) 第3の3のとおり、地域住民等は、対象土地は共有地、集落の土地という認識であり、特定の者の共有地という認識はない。

(7) 一般的に、表題部所有者欄に「○○外何名」と記載されているいわゆる記名共有地は、墓地や入会地として利用されていることも少なくなく、その実態としては複数人の共有である場合のほか、地縁団体などの法人でない社団等に帰属する場合が考えられるところ、上記の事実を踏まえると対象土地は、明治22年の旧土地台帳が作成された当時から当該地域に居住する者が共同で利用していたことが認められ、「平河千之丞」を含めた特定人による狭義の共有であるとはいえない。

また、C町内会の所有と認めるに足りる的確な資料はなく、その他対象土地の所有権の帰属先である法人でない社団等を具体的に特定するに足りる資料もない。

以上から、対象土地の所有者等を特定することができない。

2 占有状況等に基づく所有者等の特定

第3の2の現地調査においては、対象土地は、市営住宅の敷地やその他の公共的な利用がされており、A市及び町内会を除き、対象土地を占有又は使用している者の存在を確認することはできなかった。

なお、町内会の会長からは、時効取得に関する主張や供述もなく、積極的に時効取得を検討する状況にはない。

3 利害関係人からの意見又は資料の提供

対象土地の所有者等について、所有者等の探索を開始する旨の公告を開始した令和元年12月10日から令和2年●月●日までの間に、利害関係人からの意見又は資料の提供はなかった。

4 結語

よって、表題部所有者不明土地の登記及び管理の適正化に関する法律第14条第1項第2号及び第4号イに基づき、対象土地の所有者等を特定することができないため、表題部所有者として登記すべき者がないと判断した。

令和●年●月●日
A法務局B支局
登記官　　　　　登記官印

供託書・OCR用

（甲）

（第4号様式）
（印紙第3項）

020000

頁 ／

| 字加入 | 字削除 |
| 係員 | 受付 | 調査 | 番号 | 記録 |

申請年月日　令和　○○　年　　月　　日　　○○　法務局

供託カード番号（　　　　）
カードご利用の方は記入してください。

供託者の住所氏名・法人名等
住所　甲県乙市内町一丁目1番1号
氏名・法人名等　特定不能土地等管理者　法務太郎
代表者又は代理人住所氏名

□ 別添のとおり
ふりがなからは別紙継続用紙に記載してください。

被供託者の住所氏名・法人名等
住所　不明
氏名・法人名等　供託の原因たる事実記載の所有者

□ 別添のとおり
ふりがなからは別紙継続用紙に記載してください。

供託通知書の発送を請求する。

供託金額　￥2,000,000

印　　年　　月　　日発行
□ 供託カード発行

法令条項
備考のとおり

供託の原因たる事実
供託者は、令和○○年○○月○○日○○裁判所において、下記の所有者等特定不能土地を対象とする特定不能土地等管理命令により、当該土地を管理していたが、令和○年○月○日裁判所の許可を得て、令和○年○月○日これを売却したので、所有者のために、売却代金である200万円から必要経費○円を差し引いた残金である○○円を供託する。なお、下記土地の所有権が帰属する自然人又は法人（法人でない社団又は財団を含む。）をいう。

記
所有者等特定不能土地の表示
所在　甲県乙市内町三丁目3番3
地目　宅地
地積　300平方メートル

□ 供託により消滅すべき質権又は抵当権
□ 反対給付の内容

備考
表題部所有者不明土地の登記の保存及び管理の適正化に関する法律第28条第1項

（注）1. 供託金額の冒頭に￥記号を記入してください。なお、供託金額の訂正はできません。
2. 本欄は折り曲げないでください。

供託者カナ氏名　トクテイフノウトチトウカンリシャホウムタロウ

※ 高点は1マスを使用してください。

記載例2 特定不能土地等管理者による賃料の供託

供託書・OCR用

申請年月日	令和 〇 年 〇 月 〇 日
供託所の表示	〇〇 法 務 局
供託者の住所氏名	住所 甲県乙市丙町一丁目1番1号 氏名・法人名等 特定不能土地等管理者 法務太郎 代表者等又は代理人住所氏名
供託カード番号	（カードを利用の方は記入してください。）

法令条項 法律第28条第1項

| 供託の原因たる事実 | 氏名・法人名等 供託の原因たる者 不明 供託の原因たる事実
記載欄 所有者不明 |

□別添のとおり（あらかじめからは別紙供託書用紙に記載してください。）

□別添のとおり（あらかじめからは別紙供託書用紙に記載してください。）
□供託通知書の発送を請求する。

供託金額 ¥4,000,000

供託者カナ氏名 トクテイフノウトチトウカンリシャホウムタロウ

備受付 調査 記録

□子記入 □子削除

備考のとおり

□供託により消滅すべき質権又は抵当権
□反対給付の内容

備考 （注）1.供託金額の冒頭に¥記号を記入してください。なお、供託金額の訂正はできません。
2.本供託書は折り曲げないでください。

表題部所有者不明土地の登記及び管理の適正化に関する法律第28条第1項

所有者等特定不能土地の表示
所在 甲県乙市丙町三丁目3番3
地目 宅地
地積 300平方メートル

供託者は、令和〇年〇月〇〇日裁判所において、下記の特定不能土地等管理命令において特定不能土地等管理者に選任され（令和〇年〇号）、当該土地を管理していたところ、令和〇年〇月〇〇日裁判所の許可を得て、令和〇年〇月〇日賃貸借契約（賃料月50,000円、支払日毎月末日まで）を締結した。そして、令和〇年1月分賃料を受領したため、所有者のために、この賃料5万円から管理費用1万円を差し引いた額4万円を供託する。なお、所有者とは、上記供託者に下記土地の所有権が帰属する自然人又は法人（法人でない社団又は財団を含む）をいう。

記

□供託カード発行 年 月 日 印

020000

（第4号様式）（印罫線34号）

頁 ／

記載例3　特定社団等帰属土地等管理者による売却代金の供託

（印用第34号）

020000

申請年月日	令和　○　年　○　月　○　日	供託カード番号

供託所の表示　○○　法務局

供託者の住所氏名・法人名等
住所　甲県乙市丙町一丁目1番1号
氏名・法人名等　特定社団等帰属土地等管理者　法務太郎
代表者等又は代理人住所氏名

被供託者の住所氏名
住所　不明
氏名・法人名等　乙自治会

供託金額　￥2,000,000円

□字加入　□字削除

法令条項　表題部所有者不明土地の登記及び管理の適正化に関する法律第30条第2項、第28条第1項

備考条項

備考

供託の原因たる事実
供託者は、令和○年○月○○日○○裁判所において、乙自治会に所有権が帰属する下記の特定社団等帰属土地を対象とする特定社団等帰属土地等管理命令が発令され、当該土地を管理していたが、令和○年○月○日裁判所の許可を得て、令和○年○月○日これを売却したので、乙自治会のために、売却代金○○円から必要経費○○円を差し引いた残金である○○円を供託する。

記
特定社団等帰属土地の表示
所在　甲県乙市丙町三丁目3番3
地目　宅地
地積　300平方メートル

□供託により消滅すべき質権又は抵当権
□反対給付の内容

印　年　月　日　□供託カード発行

別添のとおり
ふりがなは別紙継続用紙に記載してください。

供託金額　金　￥2,000,000

供託者カナ氏名
トクテイシャダントウキゾクトウチトウカンリシャ　ホウムタロウ

↑濁点・半濁点は1マスを使用してください。

(注)　1．供託金額の冒頭に￥記号を記入してください。なお、供託金額の訂正はできません。
　　　2．本供託書は折り曲げないでください。

記載例4　特定社団等帰属土地等管理者による賃料の供託

供託書・OCR用

（様）

申請年月日	令和　　年　　月　　日
供託所の表示	○○法務局

供託カード番号
（　　　　　　　　　）
カードご利用の方は記入してください。

供託者の住所氏名
住所　甲県乙市丙町一丁目1番1号
氏名・法人等　特定社団等帰属土地等
管理者　法務太郎
代表者等又は代理人住所氏名

被供託者の住所氏名
住所　不明
氏名・法人名等　乙自治会
□別添のとおり
ふた欄からは別紙継続用紙に記載してください。

□別添のとおり
ふた欄からは別紙継続用紙に記載してください。
□供託通知書の発送を請求します。

供託金額
¥4　0　0　0　0
百億　十億　億　千万　百万　十万　万　千　百　十　円

年　　月　　日
□供託カード発行
印

令和○年○月○日○○裁判所において、乙自治会に所有権が帰属する下記の特定社団等帰属土地等を対象とする特定社団等帰属土地等管理命令において特定社団等帰属土地等管理者に選任され（令和○年（○）第○○号）、当該土地を管理していたが、令和○年○月裁判所の命令を得て、令和○年○月○日賃貸借契約（賃料月50,000円。支払日毎月末日まで）を締結した。
そして、令和○年1月分賃料を受領しないため、乙自治会のために、令和○年○月分賃料5万円から管理費用1万円を差し引いた額4万円を供託する。この原因たる事実

法令条項

備考のとおり

記
特定社団等帰属土地等の表示
所在　甲県乙市丙町三丁目3番3
地番　宅地　300平方メートル
地目
地積　300平方メートル

□供託により消滅すべき質権又は抵当権
□反対給付の内容

備考

長期所有者不明土地の登記及び管理の適正化に関する法律第30条第2項、第28条第1項

（注）1　供託金額の冒頭に¥記号を記入してください。なお、供託金額の訂正はできません。
　　　2　本供託書は折り曲げないでください。

↓濁点、半濁点は1マスを使用してください。

供託者カナ氏名	ト	ク	テ	イ	シ	ャ	ダ	ン	ト	ウ	キ
	ホ	ウ	ム	タ	ロ	ウ					

付　　録

付録1

表題部所有者不明土地の登記及び管理の適正化に関する法律
（令和元年法律第15号）

　第1章　総則

（目的）

第1条　この法律は、表題部所有者不明土地の登記及び管理の適正化を図るため、登記官による表題部所有者不明土地の所有者等の探索及び当該探索の結果に基づく表題部所有者の登記並びに所有者等特定不能土地及び特定社団等帰属土地の管理に関する措置を講ずることにより、表題部所有者不明土地に係る権利関係の明確化及びその適正な利用を促進し、もって国民経済の健全な発展及び国民生活の向上に寄与することを目的とする。

（定義）

第2条　この法律において「表題部所有者不明土地」とは、所有権（その共有持分を含む。次項において同じ。）の登記がない一筆の土地のうち、表題部に所有者の氏名又は名称及び住所の全部又は一部が登記されていないもの（国、地方公共団体その他法務省令で定める者が所有していることが登記記録上明らかであるものを除く。）をいう。

2　この法律において「所有者等」とは、所有権が帰属し、又は帰属していた自然人又は法人（法人でない社団又は財団（以下「法人でない社団等」という。）を含む。）をいう。

3　この法律において「所有者等特定不能土地」とは、第15条第1項第4号イに定める登記がある表題部所有者不明土地（表題部所有者不明土地の共有持分について当該登記がされている場合にあっては、その共有持分）をいう。

4　この法律において「特定社団等帰属土地」とは、第15条第1項第4号ロに定める登記がある表題部所有者不明土地（表題部所有者不明土地の共有持分について

当該登記がされている場合にあっては、その共有持分）であって、現に法人でない社団等に属するものをいう。

5　この法律において「登記記録」、「表題部」又は「表題部所有者」とは、それぞれ不動産登記法（平成16年法律第123号）第2条第5号、第7号又は第10号に規定する登記記録、表題部又は表題部所有者をいう。

第2章　表題部所有者不明土地の表題部所有者の登記

第1節　登記官による所有者等の探索

（所有者等の探索の開始）

第3条　登記官は、表題部所有者不明土地（第15条第1項第4号に定める登記があるものを除く。以下この章において同じ。）について、当該表題部所有者不明土地の利用の現況、当該表題部所有者不明土地の周辺の地域の自然的社会的諸条件及び当該地域における他の表題部所有者不明土地の分布状況その他の事情を考慮して、表題部所有者不明土地の登記の適正化を図る必要があると認めるときは、職権で、その所有者等の探索を行うものとする。

2　登記官は、前項の探索を行おうとするときは、あらかじめ、法務省令で定めるところにより、その旨その他法務省令で定める事項を公告しなければならない。

（意見又は資料の提出）

第4条　前条第2項の規定による公告があったときは、利害関係人は、登記官に対し、表題部所有者不明土地の所有者等について、意見又は資料を提出することができる。この場合において、登記官が意見又は資料を提出すべき相当の期間を定め、かつ、法務省令で定めるところによりその旨を公告したときは、その期間内にこれを提出しなければならない。

（登記官による調査）

第5条　登記官は、第3条第1項の探索のため、表題部所有者不明土地又はその周辺の地域に所在する土地の実地調査をすること、表題部所有者不明土地の所有者、占有者その他の関係者からその知っている事実を聴取し又は資料の提出を求めることその他表題部所有者不明土地の所有者等の探索のために必要な調査をすることができる。

（立入調査）

第6条　法務局又は地方法務局の長は、登記官が前条の規定により表題部所有者不明土地又はその周辺の地域に所在する土地の実地調査をする場合において、必要があると認めるときは、その必要の限度において、登記官に、他人の土地に立ち入らせることができる。

2　法務局又は地方法務局の長は、前項の規定により登記官を他人の土地に立ち入らせようとするときは、あらかじめ、その旨並びにその日時及び場所を当該土地の占有者に通知しなければならない。

3　第1項の規定により宅地又は垣、柵等で囲まれた他人の占有する土地に立ち入ろうとする登記官は、その立入りの際、あらかじめ、その旨を当該土地の占有者

に告げなければならない。

4 　日出前及び日没後においては、土地の占有者の承諾があった場合を除き、前項に規定する土地に立ち入ってはならない。

5 　土地の占有者は、正当な理由がない限り、第1項の規定による立入りを拒み、又は妨げてはならない。

6 　第1項の規定による立入りをする場合には、登記官は、その身分を示す証明書を携帯し、関係者の請求があったときは、これを提示しなければならない。

7 　国は、第1項の規定による立入りによって損失を受けた者があるときは、その損失を受けた者に対して、通常生ずべき損失を補償しなければならない。

（調査の嘱託）

第7条　登記官は、表題部所有者不明土地の関係者が遠隔の地に居住しているとき、その他相当と認めるときは、他の登記所の登記官に第5条の調査を嘱託することができる。

（情報の提供の求め）

第8条　登記官は、第3条第1項の探索のために必要な限度で、関係地方公共団体の長その他の者に対し、表題部所有者不明土地の所有者等に関する情報の提供を求めることができる。

　　　　第2節　所有者等探索委員による調査

（所有者等探索委員）

第9条　法務局及び地方法務局に、第3条第1項の探索のために必要な調査をさせ、登記官に意見を提出させるため、所有者等探索委員若干人を置く。

2 　所有者等探索委員は、前項の職務を行うのに必要な知識及び経験を有する者のうちから、法務局又は地方法務局の長が任命する。

3 　所有者等探索委員の任期は、2年とする。

4 　所有者等探索委員は、再任されることができる。

5 　所有者等探索委員は、非常勤とする。

（所有者等探索委員の解任）

第10条　法務局又は地方法務局の長は、所有者等探索委員が次の各号のいずれかに該当するときは、その所有者等探索委員を解任することができる。

　一　心身の故障のため職務の執行に堪えないと認められるとき。

　二　職務上の義務違反その他所有者等探索委員たるに適しない非行があると認められるとき。

（所有者等探索委員による調査等）

第11条　登記官は、第3条第1項の探索を行う場合において、必要があると認めるときは、所有者等探索委員に必要な調査をさせることができる。

2 　前項の規定により調査を行うべき所有者等探索委員は、法務局又は地方法務局の長が指定する。

3 　法務局又は地方法務局の長は、その職員に、第1項の調査を補助させることが

できる。

（所有者等探索委員による調査への準用）

第12条　第5条及び第6条の規定は、所有者等探索委員による前条第1項の調査について準用する。この場合において、第6条第1項中「登記官に」とあるのは「所有者等探索委員又は第11条第3項の職員（以下この条において「所有者等探索委員等」という。）に」と、同条第2項、第3項及び第6項中「登記官」とあるのは「所有者等探索委員等」と読み替えるものとする。

（所有者等探索委員の意見の提出）

第13条　所有者等探索委員は、第11条第1項の調査を終了したときは、遅滞なく、登記官に対し、その意見を提出しなければならない。

　　　第3節　所有者等の特定及び表題部所有者の登記

（所有者等の特定）

第14条　登記官は、前二節の規定による探索（次節において「所有者等の探索」という。）により得られた情報の内容その他の事情を総合的に考慮して、当該探索に係る表題部所有者不明土地が第1号から第3号までのいずれに該当するかの判断（第1号又は第3号にあっては、表題部所有者として登記すべき者（表題部所有者不明土地の所有者等のうち、表題部所有者として登記することが適当である者をいう。以下同じ。）の氏名又は名称及び住所の特定を含む。）をするとともに、第4号に掲げる場合には、その事由が同号イ又はロのいずれに該当するかの判断をするものとする。この場合において、当該表題部所有者不明土地が数人の共有に属し、かつ、その共有持分の特定をすることができるときは、当該共有持分についても特定をするものとする。

一　当該表題部所有者不明土地の表題部所有者として登記すべき者があるとき（当該表題部所有者不明土地が数人の共有に属する場合にあっては、全ての共有持分について表題部所有者として登記すべき者があるとき。）。

二　当該表題部所有者不明土地の表題部所有者として登記すべき者がないとき（当該表題部所有者不明土地が数人の共有に属する場合にあっては、全ての共有持分について表題部所有者として登記すべき者がないとき。）。

三　当該表題部所有者不明土地が数人の共有に属する場合において、表題部所有者として登記すべき者がない共有持分があるとき（前号に掲げる場合を除く。）。

四　前二号のいずれかに該当する場合において、その事由が次のいずれかに該当するとき。

　イ　当該表題部所有者不明土地（当該表題部所有者不明土地が数人の共有に属する場合にあっては、その共有持分。ロにおいて同じ。）の所有者等を特定することができなかったこと。

　ロ　当該表題部所有者不明土地の所有者等を特定することができた場合であって、当該表題部所有者不明土地が法人でない社団等に属するとき又は法人でない社団等に属していたとき（当該法人でない社団等以外の所有者等に属す

るときを除く。）において、表題部所有者として登記すべき者を特定することができないこと。

2　登記官は、前項の判断（同項の特定を含む。以下この章において「所有者等の特定」という。）をしたときは、その理由その他法務省令で定める事項を記載し、又は記録した書面又は電磁的記録（電子的方式、磁気的方式その他人の知覚によっては認識することができない方式で作られる記録をいう。）を作成しなければならない。

（表題部所有者の登記）

第15条　登記官は、所有者等の特定をしたときは、当該所有者等の特定に係る表題部所有者不明土地につき、職権で、遅滞なく、表題部所有者の登記を抹消しなければならない。この場合において、登記官は、不動産登記法第27条第3号の規定にかかわらず、当該表題部所有者不明土地の表題部に、次の各号に掲げる所有者等の特定の区分に応じ、当該各号に定める事項を登記するものとする。

　一　前条第1項第1号に掲げる場合　当該表題部所有者不明土地の表題部所有者として登記すべき者の氏名又は名称及び住所（同項後段の特定をした場合にあっては、その共有持分を含む。）

　二　前条第1項第2号に掲げる場合　その旨（同項後段の特定をした場合にあっては、その共有持分を含む。）

　三　前条第1項第3号に掲げる場合　当該表題部所有者不明土地の表題部所有者として登記すべき者がある共有持分についてはその者の氏名又は名称及び住所（同項後段の特定をした場合にあっては、その共有持分を含む。）、表題部所有者として登記すべき者がない共有持分についてはその旨（同項後段の特定をした場合にあっては、その共有持分を含む。）

　四　前条第1項第4号に掲げる場合　次のイ又はロに掲げる同号の事由の区分に応じ、当該イ又はロに定める事項

　　イ　前条第1項第4号イに掲げる場合　その旨

　　ロ　前条第1項第4号ロに掲げる場合　その旨

2　登記官は、前項の規定による登記をしようとするときは、あらかじめ、法務省令で定めるところにより、その旨その他法務省令で定める事項を公告しなければならない。

（登記後の公告）

第16条　登記官は、前条第1項の規定による登記をしたときは、遅滞なく、法務省令で定めるところにより、その旨その他法務省令で定める事項を公告しなければならない。

　　　第4節　雑則

（所有者等の探索の中止）

第17条　登記官は、表題部所有者不明土地に関する権利関係について訴訟が係属しているとき、その他相当でないと認めるときは、前三節の規定にかかわらず、表

題部所有者不明土地に係る所有者等の探索、所有者等の特定及び登記に係る手続を中止することができる。この場合においては、法務省令で定めるところにより、その旨その他法務省令で定める事項を公告しなければならない。

（法務省令への委任）

第18条　この章に定めるもののほか、表題部所有者不明土地に係る所有者等の探索、所有者等の特定及び登記に関し必要な事項は、法務省令で定める。

　　第3章　所有者等特定不能土地の管理

（特定不能土地等管理命令）

第19条　裁判所は、所有者等特定不能土地について、必要があると認めるときは、利害関係人の申立てにより、その申立てに係る所有者等特定不能土地を対象として、特定不能土地等管理者（次条第1項に規定する特定不能土地等管理者をいう。第5項において同じ。）による管理を命ずる処分（以下「特定不能土地等管理命令」という。）をすることができる。

2　前項の申立てを却下する裁判には、理由を付さなければならない。

3　裁判所は、特定不能土地等管理命令を変更し、又は取り消すことができる。

4　特定不能土地等管理命令及び前項の規定による決定に対しては、利害関係人に限り、即時抗告をすることができる。

5　特定不能土地等管理命令は、特定不能土地等管理命令が発令された後に当該特定不能土地等管理命令が取り消された場合において、所有者等特定不能土地の管理、処分その他の事由により特定不能土地等管理者が得た財産について、必要があると認めるときも、することができる。

（特定不能土地等管理者の選任等）

第20条　裁判所は、特定不能土地等管理命令をする場合には、当該特定不能土地等管理命令において、特定不能土地等管理者を選任しなければならない。

2　前項の規定による特定不能土地等管理者の選任の裁判に対しては、不服を申し立てることができない。

3　特定不能土地等管理命令があった場合には、裁判所書記官は、職権で、遅滞なく、特定不能土地等管理命令の対象とされた所有者等特定不能土地について、特定不能土地等管理命令の登記を嘱託しなければならない。

4　特定不能土地等管理命令を取り消す裁判があったときは、裁判所書記官は、職権で、遅滞なく、特定不能土地等管理命令の登記の抹消を嘱託しなければならない。

（特定不能土地等管理者の権限）

第21条　前条第1項の規定により特定不能土地等管理者が選任された場合には、特定不能土地等管理命令の対象とされた所有者等特定不能土地及びその管理、処分その他の事由により特定不能土地等管理者が得た財産（以下「所有者等特定不能土地等」という。）の管理及び処分をする権利は、特定不能土地等管理者に専属する。

2　特定不能土地等管理者が次に掲げる行為の範囲を超える行為をするには、裁判所の許可を得なければならない。
　一　保存行為
　二　所有者等特定不能土地等の性質を変えない範囲内において、その利用又は改良を目的とする行為
3　前項の規定に違反して行った特定不能土地等管理者の行為は、無効とする。ただし、特定不能土地等管理者は、これをもって善意の第三者に対抗することができない。
4　特定不能土地等管理者は、第2項の許可の申立てをする場合には、その許可を求める理由を疎明しなければならない。
5　第2項の許可の申立てを却下する裁判には、理由を付さなければならない。
6　第2項の規定による許可の裁判に対しては、不服を申し立てることができない。
（所有者等特定不能土地等の管理）
第22条　特定不能土地等管理者は、就職の後直ちに特定不能土地等管理命令の対象とされた所有者等特定不能土地等の管理に着手しなければならない。
（特定不能土地等管理命令が発せられた場合の所有者等特定不能土地等に関する訴えの取扱い）
第23条　特定不能土地等管理命令が発せられた場合には、所有者等特定不能土地等に関する訴えについては、特定不能土地等管理者を原告又は被告とする。
2　特定不能土地等管理命令が発せられた場合には、当該特定不能土地等管理命令の対象とされた所有者等特定不能土地等に関する訴訟手続で当該所有者等特定不能土地等の所有者（所有権（その共有持分を含む。）が帰属する自然人又は法人（法人でない社団等を含む。）をいう。以下この章において同じ。）を当事者とするものは、中断する。
3　前項の規定により中断した訴訟手続は、特定不能土地等管理者においてこれを受け継ぐことができる。この場合においては、受継の申立ては、相手方もすることができる。
4　特定不能土地等管理命令が取り消されたときは、特定不能土地等管理者を当事者とする所有者等特定不能土地等に関する訴訟手続は、中断する。
5　所有者等特定不能土地等の所有者は、前項の規定により中断した訴訟手続を受け継がなければならない。この場合においては、受継の申立ては、相手方もすることができる。
（特定不能土地等管理者の義務）
第24条　特定不能土地等管理者は、特定不能土地等管理命令の対象とされた所有者等特定不能土地等の所有者のために、善良な管理者の注意をもって、第21条第1項の権限を行使しなければならない。
2　特定不能土地等管理者は、特定不能土地等管理命令の対象とされた所有者等特

定不能土地等の所有者のために、誠実かつ公平に第21条第1項の権限を行使しなければならない。

（特定不能土地等管理者の辞任）

第25条　特定不能土地等管理者は、正当な事由があるときは、裁判所の許可を得て、辞任することができる。

2　特定不能土地等管理者は、前項の許可の申立てをする場合には、その原因となる事実を疎明しなければならない。

3　第1項の許可の申立てを却下する裁判には、理由を付さなければならない。

4　第1項の規定による辞任の許可の裁判に対しては、不服を申し立てることができない。

（特定不能土地等管理者の解任）

第26条　特定不能土地等管理者がその任務に違反して特定不能土地等管理命令の対象とされた所有者等特定不能土地等に著しい損害を与えたことその他重要な事由があるときは、裁判所は、利害関係人の申立てにより、特定不能土地等管理者を解任することができる。

2　裁判所は、前項の規定により特定不能土地等管理者を解任する場合には、特定不能土地等管理者の陳述を聴かなければならない。

3　第1項の申立てについての裁判には、理由を付さなければならない。

4　第1項の規定による解任の裁判に対しては、利害関係人に限り、即時抗告をすることができる。

（特定不能土地等管理者の報酬等）

第27条　特定不能土地等管理者は、特定不能土地等管理命令の対象とされた所有者等特定不能土地等から裁判所が定める額の費用の前払及び報酬を受けることができる。

2　前項の規定による費用又は報酬の額を定める裁判をする場合には、特定不能土地等管理者の陳述を聴かなければならない。

3　第1項の規定による費用又は報酬の額を定める裁判に対しては、特定不能土地等管理者に限り、即時抗告をすることができる。

（供託等）

第28条　特定不能土地等管理者は、特定不能土地等管理命令の対象とされた所有者等特定不能土地等の管理、処分その他の事由により金銭が生じたときは、その所有者のために、当該金銭を当該所有者等特定不能土地の所在地の供託所に供託することができる。

2　特定不能土地等管理者は、前項の規定による供託をしたときは、法務省令で定めるところにより、その旨その他法務省令で定める事項を公告しなければならない。

（特定不能土地等管理命令の取消し）

第29条　裁判所は、特定不能土地等管理者が管理すべき財産がなくなったとき（特

定不能土地等管理者が管理すべき財産の全部が前条第1項の規定により供託されたときを含む。）、その他特定不能土地等管理命令の対象とされた所有者等特定不能土地等の管理を継続することが相当でなくなったときは、特定不能土地等管理者若しくは利害関係人の申立てにより又は職権で、特定不能土地等管理命令を取り消さなければならない。

2　特定不能土地等管理命令の対象とされた所有者等特定不能土地等の所有者が当該所有者等特定不能土地等の所有権（その共有持分を含む。）が自己に帰属することを証明したときは、裁判所は、当該所有者の申立てにより，特定不能土地等管理命令を取り消さなければならない。

3　前項の規定により当該特定不能土地等管理命令が取り消されたときは、特定不能土地等管理者は、当該所有者に対し、その事務の経過及び結果を報告し、当該所有者等特定不能土地等を引き渡さなければならない。

4　第1項又は第2項の規定による決定に対しては、利害関係人に限り、即時抗告をすることができる。

第4章　特定社団等帰属土地の管理

第30条　裁判所は、特定社団等帰属土地について、当該特定社団等帰属土地が帰属する法人でない社団等の代表者又は管理人が選任されておらず、かつ、当該法人でない社団等の全ての構成員を特定することができず、又はその所在が明らかでない場合において、必要があると認めるときは、利害関係人の申立てにより、その申立てに係る特定社団等帰属土地を対象として、特定社団等帰属土地等管理者による管理を命ずる処分（次項において「特定社団等帰属土地等管理命令」という。）をすることができる。

2　前章（第19条第1項を除く。）の規定は、特定社団等帰属土地等管理命令について準用する。この場合において、同条第2項中「前項」とあるのは「第30条第1項」と、第21条第1項及び第2項第2号、第22条、第23条（第3項を除く。）、第24条、第26条第1項、第27条第1項、第28条第1項並びに前条第1項及び第3項中「所有者等特定不能土地等」とあるのは「特定社団等帰属土地等」と、第23条第2項中「自然人又は法人（法人でない社団等を含む。）」とあるのは「法人でない社団等」と、前条第2項中「所有者等特定不能土地等の所有者」とあるのは「特定社団等帰属土地等の所有者」と、「所有者等特定不能土地等の所有権（その共有持分を含む。）が自己に帰属すること」とあるのは「特定社団等帰属土地等が帰属する法人でない社団等の代表者又は管理人が選任されたこと」と読み替えるものとする。

第5章　雑則

（非訟事件の管轄）

第31条　この法律の規定による非訟事件は、表題部所有者不明土地の所在地を管轄する地方裁判所の管轄に属する。

（非訟事件の手続の特例）

第32条　この法律の規定による非訟事件については、非訟事件手続法（平成23年法律第51号）第40条及び第57条第2項第2号の規定は、適用しない。

（最高裁判所規則）

第33条　この法律に定めるもののほか、この法律の規定による非訟事件の手続に関し必要な事項は、最高裁判所規則で定める。

　　第6章　罰則

第34条　第6条第5項（第12条において準用する場合を含む。）の規定に違反して、第6条第1項（第12条において準用する場合を含む。）の規定による立入りを拒み、又は妨げた者は、30万円以下の罰金に処する。

第35条　法人の代表者又は法人若しくは人の代理人、使用人その他の従業者が、その法人又は人の業務に関し、前条の違反行為をしたときは、行為者を罰するほか、その法人又は人に対しても、同条の刑を科する。

　　附　　則

　この法律は、公布の日から起算して6月を超えない範囲内において政令で定める日から施行する。ただし、第3章から第5章までの規定は、公布の日から起算して1年6月を超えない範囲内において政令で定める日から施行する。

付録2

表題部所有者不明土地の登記及び管理の適正化に関する法律施行規則
（令和元年法務省令第42号）

　表題部所有者不明土地の登記及び管理の適正化に関する法律（令和元年法律第15号）の施行に伴い、並びに同法及び不動産登記法（平成16年法律第123号）第15条の規定に基づき、表題部所有者不明土地の登記及び管理の適正化に関する法律施行規則を次のように定める。

（定義）

第1条　この省令において、次の各号に掲げる用語の意義は、それぞれ当該各号に定めるところによる。
　一　所在事項　土地の所在する市、区、郡、町、村及び字並びに地番をいう。
　二　手続番号　表題部所有者不明土地の登記及び管理の適正化に関する法律（以下「法」という。）第3条第1項の探索を行う際に表題部所有者不明土地ごとに付す番号をいう。
　三　所有者特定書　法第14条第2項の規定に基づき作成された書面又は電磁的記録をいう。

（所有者等の探索の開始の公告の方法等）

第2条　法第3条第2項の規定による公告は、表題部所有者不明土地の所在地を管轄する登記所の掲示場その他登記所内の公衆の見やすい場所に掲示して行う方法又は登記所の使用に係る電子計算機に備えられたファイルに記録された情報の内容を電気通信回線を通じて情報の提供を受ける者の閲覧に供し、当該情報の提供を受ける者の使用に係る電子計算機に備えられたファイルに当該情報を記録する方法であってインターネットに接続された自動公衆送信装置（著作権法（昭和45年法律第48号）第2条第1項第9号の5イに規定する自動公衆送信装置をいう。）を使用する方法により30日以上行うものとする。

2　法第3条第2項の法務省令で定める事項は、次のとおりとする。
　一　手続番号
　二　表題部所有者不明土地に係る所在事項、地目及び地積
　三　表題部所有者不明土地の登記記録の表題部の所有者欄（不動産登記規則（平成17年法務省令第18号）別表一の第一欄に掲げる所有者欄をいう。第9条において同じ。）に記録されている事項

（意見又は資料の提出の方法等）

第3条　法第4条の規定による意見又は資料の提出は、書面又は電磁的記録をもってするものとする。

2　法第4条後段の規定による公告は、前条第1項に規定する方法によりするものとする。

（調査の嘱託）

第4条 登記官は、法第7条の嘱託を受けて調査をしたときは、その調査の結果を記録した調書を嘱託をした登記官に送付しなければならない。

（所有者等探索委員の調査の報告）

第5条 登記官は、所有者等探索委員に対し、法第12条において準用する法第5条の規定による調査の経過又は結果その他必要な事項について報告を求めることができる。

（所有者等探索委員の意見の提出の方法）

第6条 法第13条の規定による意見の提出は、書面又は電磁的記録をもってするものとする。

（所有者特定書の記録事項等）

第7条 所有者特定書には、次に掲げる事項を記録するものとする。

　一　手続番号

　二　表題部所有者不明土地に係る所在事項

　三　結論

　四　理由

　五　所有者等探索委員の意見が提出されている場合には、その旨

　六　作成の年月日

2　登記官は、書面をもって所有者特定書を作成するときは、所有者特定書に職氏名を記載し、職印を押印しなければならない。

3　登記官は、電磁的記録をもって所有者特定書を作成するときは、登記官を明らかにするための措置であって法務大臣が定めるものを講じなければならない。

（登記前の公告の方法等）

第8条 第2条第1項の規定は、法第15条第2項の規定による公告について準用する。この場合において、第2条第1項中「30日以上」とあるのは、「2週間」と読み替えるものとする。

2　法第15条第2項の法務省令で定める事項は、第2条第2項各号に掲げる事項のほか、次の各号に掲げる所有者等の特定の区分に応じ、当該各号に定める事項とする。

　一　法第14条第1項第1号に掲げる場合　表題部所有者不明土地の表題部所有者として登記すべき者の氏名又は名称及び住所並びに同項後段の規定による特定をした場合にあってはその共有持分

　二　法第14条第1項第2号に掲げる場合　その旨

　三　法第14条第1項第3号に掲げる場合　表題部所有者不明土地の表題部所有者として登記すべき者がある共有持分についてはその者の氏名又は名称及び住所（その共有持分を含む。）並びに表題部所有者として登記すべき者がない共有持分についてはその旨（その共有持分を含む。）

　四　法第14条第1項第4号に掲げる場合　次のイ又はロに掲げる場合の区分に応じ、当該イ又はロに定める事項

イ　法第14条第1項第4号イに掲げる事由に該当する場合　その旨
　　ロ　法第14条第1項第4号ロに掲げる事由に該当する場合　その旨
　（表題部所有者の登記等）
第9条　法第15条第1項の規定又は法第20条第3項若しくは第4項（これらの規定を法第30条第2項において準用する場合を含む。）の規定により登記記録として登記すべき事項は、表題部の所有者欄に記録するものとする。
2　登記官は、法第15条第1項前段の規定により表題部所有者の登記を抹消するときは、表題部所有者に関する登記事項を抹消する記号を記録しなければならない。
3　登記官は、法第15条第1項後段の規定により登記をするときは、当該登記の登記原因及び登記の年月日のほか、手続番号をも記録しなければならない。
4　登記官は、前項の場合には、次の各号に掲げる場合の区分に応じ、当該各号に定める事項を表題部の所有者欄に記録しなければならない。
　一　表題部所有者として登記すべき者が法人でない社団等の代表者又は管理人である場合　その旨
　二　表題部所有者として登記すべき者が過去の一定の時点における所有権又は共有持分が帰属していたものである場合　その旨及び当該時点
5　登記官は、法第20条第3項（法第30条第2項において準用する場合を含む。）の規定により嘱託があった場合において、当該嘱託に基づく登記をするときは、当該登記の登記原因及びその日付並びに登記の年月日のほか、登記の目的並びに特定不能土地等管理者又は特定社団等帰属土地等管理者の職名及び氏名又は名称並びに住所をも記録しなければならない。
6　登記官は、法第20条第4項（法第30条第2項において準用する場合を含む。）の規定により嘱託があった場合において、当該嘱託に基づく登記の抹消をするときは、当該抹消の登記の登記原因及びその日付並びに登記の年月日のほか、登記の目的を記録するとともに、抹消すべき登記を抹消する記号をも記録しなければならない。
　（登記後の公告の方法等）
第10条　第2条第1項の規定は、法第16条の規定による公告について準用する。この場合において、同項中「表題部所有者不明土地」とあるのは「法第15条第1項の規定による登記がある土地」と、「30日以上」とあるのは「2週間」と読み替えるものとする。
2　法第16条の法務省令で定める事項は、次のとおりとする。
　一　手続番号
　二　法第15条第1項の規定による登記がある土地に係る所在事項
　（所有者等の探索の中止の公告の方法等）
第11条　第2条第1項の規定は、法第17条後段の規定による公告について準用する。この場合において、同項中「30日以上」とあるのは、「2週間」と読み替え

るものとする。

2　法第17条後段の法務省令で定める事項は、次のとおりとする。

　一　手続番号

　二　表題部所有者不明土地に係る所在事項

　三　手続を中止した旨

（登記後の通知等）

第12条　登記官は、法第15条第1項第1号又は第3号に定める事項を登記したときは、表題部所有者又はその相続人その他の一般承継人であって知れているものに対し、登記が完了した旨を通知しなければならない。

2　前項の規定による通知は、同項の規定により通知を受けるべき者が2人以上あるときは、その1人に対し通知すれば足りる。

3　第1項の規定による通知は、郵便、民間事業者による信書の送達に関する法律（平成14年法律第99号）第2条第6項に規定する一般信書便事業者又は同条第9項に規定する特定信書便事業者による同条第2項に規定する信書便その他適宜の方法によりするものとする。

（所有者特定書の保存等）

第13条　所有者特定書に記載され、又は記録された情報は、永久に保存するものとする。

2　所有者特定書が書面をもって作成されているときは、前項の規定による当該書面に記載された情報の保存は、当該情報の内容を記録した電磁的記録を保存する方法によってするものとする。

第14条　登記所には、所有者特定書等つづり込み帳を備えるものとする。

2　所有者特定書等つづり込み帳には、不動産登記規則第19条の規定にかかわらず、関係地方公共団体の長その他の者への照会書の写し、提出された資料、書面をもって作成された所有者特定書（所有者特定書が電磁的記録をもって作成されている場合にあっては、その内容を書面に出力したもの）その他の所有者等の探索、所有者等の特定及び登記に係る手続に関する書類をつづり込むものとする。

3　所有者特定書等つづり込み帳の保存期間は、作成の年の翌年から30年間とする。

（供託後の公告の方法等）

第15条　法第28条第2項（法第30条第2項において準用する場合を含む。次項において同じ。）の規定による公告は、官報により行うものとする。

2　法第28条第2項の法務省令で定める事項は、次のとおりとする。

　一　所有者等特定不能土地又は特定社団等帰属土地に係る所在事項

　二　供託所の表示

　三　供託番号

　四　供託した金額

　五　裁判所の名称、件名及び事件番号

附　則

この省令は、法の施行の日（令和元年11月22日）から施行する。
　　附　則　（令和２年10月30日法務省令第49号）

この省令は、令和２年11月１日から施行する。

付録3

表題部所有者不明土地の登記及び管理の適正化に関する法律第3条
第1項に基づく所有者等の探索の対象地域の選定基準について

（令元. 10. 17民二第253号法務局長、
地方法務局長宛て民事局長通達）

（通達）
　表題部所有者不明土地の登記及び管理の適正化に関する法律（令和元年法
律第15号）が本年5月24日に公布され、同日から起算して6月を超えない範
囲内において政令で定める日から施行されることとなったところ、同法第3
条第1項に規定する所有者等の探索に係る表題部所有者不明土地の選定基準
について、別添のとおり定めましたので、事務処理に遺憾のないよう、周知
方取り計らい願います。
　なお、本基準中、「法」とあるのは表題部所有者不明土地の登記及び管理
の適正化に関する法律をいいます。

別添

　表題部所有者不明土地の登記及び管理の適正化に関する法律第3条第1項に基づ
　く所有者等の探索の対象地域の選定基準等

第1　所有者等の探索の対象となる地域の選定
　　　各法務局又は地方法務局は、当分の間、地方公共団体等の要望を踏まえ、下
　　記1の要素を考慮した上、下記2の基準に従い、所有者等の探索の対象となる
　　地域（不動産登記法（平成16年法律第123号）第34条第1項第1号に規定する
　　「字」をいう。以下同じ。）を選定するものとする。
　　　なお、下記1の要素は、自然環境や我が国領域等の保全を図るなど諸般の実
　　情に応じ、必要があるときは、各法務局又は地方法務局において、これを付加
　　することを妨げないものとする。
記
　1　考慮すべき要素
　(1)　土地の利用の現況及び自然的社会的諸条件
　　ア　地震等の自然災害等により大きな被害を受けたため、早急に復旧・復興
　　　作業等を行う必要がある地域であること。
　　　　地震等の自然災害等により大きな被害を受けた地域については、復旧・
　　　復興事業のために用地取得などが行われる場合が多いところ、土地所有者
　　　が不明の場合には、その円滑な実施に支障を生じさせる要因となることか

付　　録　133

ら、このような地域については、所有者等の探索の必要性が高いと考えられる。

　イ　今後、地震等の自然災害が発生した場合に大きな被害を受ける可能性が高く、早急に防災・減災対策等を講じる必要がある地域であること。

　　　地震等の自然災害が発生した場合に大きな被害を受ける可能性が高い地域については、被害を最小限に抑えるとともに、被災後の復旧・復興事業を円滑に行うことができるよう、その用地を取得などする場合が多いところ、土地所有者が不明の場合には、その円滑な実施に支障を生じさせる要因となることから、このような地域については、所有者等の探索の必要性が高いと考えられる。

　ウ　地方公共団体においてまちづくりや森林の整備などの土地利用や土地の調査に関する計画を策定している地域であること。

　　　地方公共団体においてまちづくりや森林の整備などの土地利用や土地の調査に関する計画を策定している地域については、事業の実施や用地取得などの際に所有者の確認や同意取得、土地境界の確認などが行われる場合が多いところ、所有者が不明の場合には、事業の円滑な実施に支障を生じさせる要因となることから、このような地域については、所有者等の探索の必要性が高いと考えられる。

　エ　地域コミュニティが衰退し、地域の実情を知る者が乏しくなるため、早期に所有者等の探索を行う必要がある地域であること。

　　　地域コミュニティが衰退し、地域の実情を知る者が乏しくなるような地域については、表題部所有者不明土地を所有していた者や歴史的経緯を知る人物が失われるおそれが高く、所有者等の探索が今後ますます困難となると考えられることから、このような地域については、所有者等の探索の必要性が高いと考えられる。

⑵　分布状況
　　字単位当たりの表題部所有者不明土地が多い地域であること。
　　表題部所有者不明土地が一定の地域内に多数存在する場合には、当該地域においてはこれをまとめて解消するのが合理的であると考えられる。

2　優先度判定の基準
　　1(1)の要素については、アからエの順に優先度が高いものとして対象地域を選定するものとする。なお、1(1)ウに該当する地域のうち、用途が指定されていない地域の優先度については、1(1)ウと1(1)エの間に位置するものとして取り扱うものとする。
　　1(1)の要素に基づいて判定した結果、優先度の高さが同じ地域が複数存在する場合には、⑵の要素に基づき表題者所有者不明土地の多い地域から順に選定するものとする。

第2　探索作業の実施

　　各法務局又は地方法務局は、第1により選定された地域について法務局の
ホームページにおいてその地域を明らかにするなどの措置を講ずるものとす
る。その上でその地域における所有者等の探索を実施する必要のある表題部所
有者不明土地について探索を実施するものとする。

付録4

表題部所有者不明土地の登記及び管理の適正化に関する法律の
施行に伴う不動産登記事務の取扱いについて

（令元.11.21民二第599号法務局長、
地方法務局長宛て民事局長通達）

（通達）

　表題部所有者不明土地の登記及び管理の適正化に関する法律（令和元年法律第15号）及び表題部所有者不明土地の登記及び管理の適正化に関する法律施行規則（令和元年法務省令第42号）が公布され、本月22日から施行されますが（法第3章から第5章までの規定を除く。）、これらに伴う不動産登記事務の取扱いについては、下記の点に留意し、事務処理に遺憾のないよう、貴管下登記官に周知方お取り計らい願います。

　なお、本通達中、「法」とあるのは表題部所有者不明土地の登記及び管理の適正化に関する法律を、「規則」とあるのは表題部所有者不明土地の登記及び管理の適正化に関する法律施行規則をそれぞれいいます。

記

第1　法の目的

　　法は、表題部所有者不明土地の登記及び管理の適正化を図るため、登記官による表題部所有者不明土地の所有者等の探索及び当該探索の結果に基づく表題部所有者の登記並びに所有者等特定不能土地及び特定社団等帰属土地の管理に関する措置を講ずることにより、表題部所有者不明土地に係る権利関係の明確化及びその適正な利用を促進し、もって国民経済の健全な発展及び国民生活の向上に寄与することを目的とするとされた（法第1条）。

第2　登記官による所有者等の探索

　1　対象土地の選定

　　登記官は、表題部所有者不明土地（法第15条第1項第4号に定める登記があるものを除く。以下同じ。）について、当該表題部所有者不明土地の利用の現況、当該表題部所有者不明土地の周辺の地域の自然的社会的諸条件及び当該地域における他の表題部所有者不明土地の分布状況その他の事情を考慮して、表題部所有者不明土地の登記の適正化を図る必要があると認めるときは、職権で、その所有者等の探索（以下「所有者等の探索」という。）を行うものとするとされた（法第3条第1項）。

　　「利用の現況」としては、例えば、山林であるか宅地であるかが挙げられる。

　　「周辺の地域の自然的条件」としては、例えば、自然災害のおそれがあり、防災、減災又は復興等の観点から、所有者等の探索を行う必要性、緊急性の高

い地域であるかどうかが挙げられる。

「周辺の地域の社会的条件」としては、例えば、地域の実情を知る者が減少しており、速やかに所有者等の探索を開始しなければその探索が困難になるおそれがあるかどうかが挙げられる。

さらに、表題部所有者不明土地が一定の地域に複数存在する場合には、これらをまとめて解消するのが合理的であることから、「他の表題部所有者不明土地の分布状況」についても考慮すべき要素とされている。

登記官は、地方公共団体の要望等を聴取した上で、これらの要素を勘案して、「表題部所有者不明土地の登記及び管理の適正化に関する法律第３条第１項に基づく所有者等の探索の対象地域の選定基準について」（令和元年10月17日付け法務省民二第253号当職通達）に基づき選定した所有者等の探索の対象となる地域の中から、法第３条第１項に基づき所有者等の探索を行う表題部所有者不明土地について選定するものとする。

選定した所有者等の探索の対象となる地域については、法に基づく所有者等の探索を行う表題部所有者不明土地に係る公告とは別に、法務局又は地方法務局のホームページに掲載する方法によって公表するものとする。

2　所有者等の探索の開始

(1)　立件

登記官は、所有者等の探索を開始しようとするときは、不動産登記規則（平成17年法務省令第18号）第18条第６号に規定する職権表示登記等事件簿に登記の目的、立件の年月日及び立件の際に付した番号（以下「立件番号」という。）並びに不動産所在事項を記録するものとする（不動産登記規則第96条第１項）。

なお、立件番号は、１年ごとに更新し、２万番台で付すなどして、他の職権による表示に関する登記及び地図その他の図面の訂正事件と明確に区別することができるようにするものとする。

併せて、所有者等の探索の進行管理に資するため、立件番号とは別に、その対象とする表題部所有者不明土地ごとに手続番号を付すとされた（規則第１条第２号）。手続番号は、例えば、「第5100－2019－0001号」のような振り合いで、最初の４桁は各登記所に付与された庁名符号、次の４桁は立件した年の西暦、最後の４桁は立件番号の下４桁として一意になるよう、付番するものとする。

(2)　探索の開始の公告

登記官は、所有者等の探索を行おうとするときは、あらかじめ、法務省令で定めるところにより、その旨その他法務省令で定める事項を公告しなければならないとされた（法第３条第２項）。

公告は、表題部所有者不明土地の所在地を管轄する登記所の掲示場その他登記所内の公衆の見やすい場所に掲示して行う方法又は法務局若しくは地方

法務局のホームページに掲載する方法により、30日以上行うとされた（規則第2条第1項）ところ、当分の間、前者の方法により行うものとする。

また、公告の内容は、①手続番号、②表題部所有者不明土地に係る所在事項、③地目及び④地積並びに⑤表題部所有者不明土地の登記記録の表題部の所有者欄に記録されている事項とされた（規則第2条第2項各号）。

公告は、別記第1号様式によるものとし、公告期間については、具体的には、法第15条第2項の公告又は法第17条後段の公告をするまでの間とする。

なお、個人情報の取扱いに配慮しつつ、利害関係人からの意見又は資料の提出を促すため、上記公告とは別に、別記第2号様式により、公告の概要（上記⑤を除いた事項）を法務局又は地方法務局のホームページに掲載する方法によって明らかにするものとする。この場合における掲載期間は、上記公告と同期間とするものとする。

(3) 意見又は資料の提出

(2)の公告があったときは、利害関係人は、登記官に対し、表題部所有者不明土地の所有者等について、意見又は資料を提出することができるとされた（法第4条前段）。その提出は、書面又は電磁的記録をもってするものとされた（規則第3条第1項）。

この場合において、登記官が意見又は資料を提出すべき相当の期間を定め、かつ、法務省令で定めるところによりその旨を公告したときは、利害関係人は、当該期間内にこれを提出しなければならないとされた（法第4条後段）。この公告は、(2)の公告と同様の方法によりするとされた（規則第3条第2項）ところ、その様式は、原則として別記第1号様式によりするものとし、(2)の公告と併せて行うものとする。

利害関係人とは、表題部所有者不明土地の所有者等の特定について利害関係を有する者を広く含み、表題部所有者不明土地について実際に権利を有する者や現に当該土地を占有する者などがこれに当たるものとして、取り扱って差し支えなく、また、利害関係人が意見又は資料を提出する際には、利害関係の内容については確認するものの、当該内容を裏付ける書類の提出までは求めないものとする。

利害関係人が電磁的記録を提供する方法により提出する場合には、法務局又は地方法務局に設置されたパソコン等で読み取ることができる適当な形式を指定した上で、提出させるものとする。

利害関係人から提出された意見又は資料には、利害関係人ごとに整理し、提出された順に番号を付すものとする。また、当該意見又は資料に、利害関係人の氏名、連絡先、作成者及び作成年月日並びに写真やビデオテープ（これらに準ずる方法により一定の事項を記録することができる物を含む。）にあっては、撮影、録画等の対象、日時及び場所が記載又は記録されていない場合には、可能な範囲で当該利害関係人に確認し、確認した結果を別記第25

号様式の備考欄に記載するものとする。

　利害関係人から、意見又は資料の還付を求められた場合には、第6の3の目録の当該資料に係る備考欄に原本還付の旨の記録をするほか、当該資料の写し又はその概要を写真その他適宜の方法により明らかにした記録を作成し、当該資料の写し又はその概要記録を所有者特定書等つづり込み帳につづり込む（規則第14条第2項）ものとする。

⑷　登記官による調査等

　登記官は、所有者等の探索のため、表題部所有者不明土地又はその周辺の地域に所在する土地の実地調査をすること、表題部所有者不明土地の所有者、占有者その他の関係者からその知っている事実を聴取し又は資料の提出を求めることその他表題部所有不明土地の所有者等の探索のために必要な調査をすることができるとされた（法第5条）。

　ア　資料収集

　　登記官は、所有者等の探索を適確に行うための資料として、登記簿（閉鎖されているものを含む。）及びその附属書類、地図又は地図に準ずる図面（閉鎖されているものを含む。）、旧土地台帳、旧家屋台帳、共有者連名簿並びに住宅地図等の資料を収集する。

　　なお、登記官は、所有者等の探索のために必要な限度で、関係地方公共団体の長その他の者に対し、表題部所有者不明土地の所有者等に関する情報の提供を求めることができるとされた（法第8条）。

　　関係地方公共団体の長その他の者への情報の提供の依頼は、別記第3号様式により行うものとし、所有者等の探索を適確に行うための資料として、例えば、官庁又は公署に保管されている道路台帳、路線図、林地台帳及び林地台帳地図、墓地台帳、過去の自治会名簿、農業委員会が保管している耕作者名簿、農地台帳、地籍調査票、財産管理台帳を収集するものとする。また、官庁又は公署に保管されている戸籍、住民票及び戸籍の附票並びに固定資産課税台帳については、別途定める様式により収集するものとする。

　イ　事前調査

　　登記官は、アに基づき収集した資料や、利害関係人から提出された意見又は資料に基づき調査を行うものとする。

　ウ　実地調査

　　㈦　調査の目的等

　　　登記官は、所有者等の探索をする場合には、法第4条の規定により利害関係人から提出された意見若しくは資料、公知の事実又は登記官が職務上知り得た事実等により登記官がその必要がないと認めたときを除き、法第5条の規定により実地調査を行わなければならない（不動産登記規則第93条参照）。

実地調査は、表題部所有者不明土地及び周辺の土地の現況その他所有者等の特定について参考となる情報を把握することを目的として行うものとする。表題部所有者不明土地の現地におけるおおまかな位置を把握した上で、必要な範囲で、相続人や近隣住民等の証言を得るほか、寺院が保管している過去帳や歴史的文献等の参考資料の収集及び調査を行うものとする。

　所有者等の探索に必要な調査をしたときは、別記第4号様式による調査票に所要の事項を記載するものとする。

(イ)　立入調査

　法務局又は地方法務局の長は、登記官が表題部所有者不明土地又はその周辺の地域に所在する土地の実地調査をする場合において、必要があると認めるときは、その必要の限度において、登記官に、他人の土地に立ち入らせることができるとされた（法第6条第1項）。

　この場合には、あらかじめ、その旨並びにその日時及び場所を当該土地の占有者に通知しなければならないとされた（同条第2項）。ただし、当該占有者が立入りについて同意しているとき又は占有者が不明であるときは通知を要しない。

　この通知は、文書又は口頭のいずれの方法によっても差し支えない。また、通知には、同項に規定する事項のほか、立入りを行う者の職氏名及び実施する実地調査の概要を併せて示すものとする。

　宅地又は垣、柵等で囲まれた他人の占有する土地に立ち入ろうとする登記官は、その立入りの際、あらかじめ、その旨を当該土地の占有者に告げなければならないとされた（同条第3項）。この場合の手続は、立入調査を実施する際に、口頭で当該占有者に告げることで足りる。

　なお、宅地以外の土地であって、垣や柵等で囲まれた土地の部分以外に立ち入るときは、占有者に告げることを要しない。また、日出前及び日没後においては、土地の占有者の承諾があった場合を除き、宅地又は垣、柵等で囲まれた土地に立ち入ってはならないとされた（同条第4項）。

　立入りをする場合には、登記官は、身分証明書を携帯し、関係者の請求があったときは、これを提示しなければならないとされた（同条第6項）。

エ　調査の嘱託

　登記官は、表題部所有者不明土地の関係者が遠隔の地に居住しているとき、その他相当と認めるときは、他の登記所の登記官に調査を嘱託することができるとされた（法第7条）。

　他の登記所の登記官への調査の嘱託は、別記第5号様式によるものとする。

当該登記官は、法第7条の嘱託を受けて調査をしたときは、その調査の結果を記録した調書を作成し、嘱託をした登記官に送付しなければならないとされた（規則第4条）。調書の様式は、別記第6号様式によるものとする。

第3　所有者等探索委員による調査
1　所有者等探索委員の任命等
(1)　所有者等探索委員は、登記官において必要があると認めるときに法務局又は地方法務局の長により指定され、所有者等の探索のために必要な調査を行い、登記官に意見を提出することを任務とするとされた（法第9条第1項、第11条第1項、第2項）。
(2)　所有者等探索委員は、法務局又は地方法務局ごとに、職務を行うのに必要な知識及び経験を有する者のうちから、法務局又は地方法務局の長によって任期を2年として任命するとされた（法第9条第2項、第3項）。
(3)　所有者等探索委員には、旧土地台帳、閉鎖登記簿、地図又は地図に準ずる書面（閉鎖されているものを含む。）及び当該地域における様々な慣習等についての知識や、これまで表題部所有者不明土地の所有者等の探索を行った経験を有する者を任命するものとする。
　　　例えば、弁護士、司法書士又は土地家屋調査士等の資格者のほか、過去に地方公共団体等において用地取得を担当し、表題部所有者不明土地の所有者等の探索を行った経験を有するその元職員や、地域の土地にまつわる慣習に詳しい歴史・文化の研究者等が所有者等探索委員となり得る。
(4)　弁護士、司法書士又は土地家屋調査士を法第9条第2項の規定に基づき所有者等探索委員に任命する場合にあっては、それぞれ弁護士会、司法書士会又は土地家屋調査士会に対し、別記第7号様式により、候補者の推薦を依頼するものとする。
(5)　上記(4)以外の者を法第9条第2項の規定に基づき所有者等探索委員に任命する場合にあっては、市区町村長に対し、別記第8号様式により、候補者の推薦を依頼するものとする。
(6)　所有者等探索委員の任命については、別記第9号様式による文書を交付する方法により行うものとする。
2　所有者等探索委員の解任等
(1)　法務局又は地方法務局の長は、所有者等探索委員が次のア又はイのいずれかに該当するときは、その所有者等探索委員を解任することができるとされた（法第10条）。
ア　心身の故障のため職務の執行に堪えないと認められるとき。
イ　職務上の義務違反その他所有者等探索委員たるに適しない非行があると認められるとき。

(2)　所有者等探索委員は、所有者等探索委員を辞任することができる。辞任を承認する場合には、別記第10号様式による文書を交付するものとする。

3　所有者等探索委員の指定等

(1)　登記官は、所有者等の探索を行う場合において、必要があると認めるときは、所有者等探索委員に必要な調査をさせることができるとされた（法第11条第1項）。

　　　ここでいう、「必要があると認めるとき」とは、登記官のみの調査では所有者等の探索が困難であると考えられる場合などを指し、例えば、表題部所有者として「A外○名」又は「大字○○」と登記されている土地など、類型的にみて所有者等の探索が困難と考えられる土地については、基本的に、これに該当する。

　　　また、それ以外の土地についても、個々の事案において登記官による調査の過程で所有者等の探索に困難が伴う事情が生じ、所有者等を特定することができない、又は特定することができても、表題部所有者として登記すべき者を特定することができないような場合や時効の成否についての判断が必要となる場合にも、「必要があると認めるとき」に該当する。

(2)　(1)の調査を行うべき所有者等探索委員は、法務局又は地方法務局の長が、1(2)において任命した所有者等探索委員の中から、指定するとされた（法第11条第2項）。

(3)　(2)の指定は、一手続ごとに行う必要はなく、複数の手続についてまとめて行っても差し支えなく、また、一指定当たりの所有者等探索委員の数に制限はないため、同一字単位で、複数の所有者等探索委員を指定することができるものとする。

　　　なお、この場合には、所有者等探索委員は、必要な調査を共同して行うが、必要に応じて、調査を分担することができる。

(4)　所有者等の探索の過程で、所有者等探索委員が以下のいずれかの場合に該当することが判明したときは、公平性の確保の観点から、当該所有者等探索委員については、当該対象土地に係る指定を取り消すものとする。

　　ア　指定に係る表題部所有者不明土地の所有者又は所有権以外の権利を有する者である場合

　　イ　アの配偶者又は四親等内の親族（配偶者又は四親等内の親族であった者を含む。ウにおいて同じ。）である場合

　　ウ　アに掲げる者の代理人若しくは代表者（代理人又は代表者であった者を含む。）又はその配偶者若しくは四親等内の親族である場合

(5)　所有者等探索委員の指定については、別記第11号様式による文書を交付する方法により行い、その指定の取消しについては、別記第12号様式による文書を交付する方法により行うものとする。

(6)　法務局又は地方法務局の長は、その職員に、所有者等探索委員が行う調査

を補助させることができるとされた（法第11条第3項）。

　　ここでいう、「その職員」とは、法務局又は地方法務局の職員を指し、その必要に応じて、所有者等探索委員が行う調査の補助をさせるものとする。
4　所有者等探索委員による調査
⑴　法第5条及び第6条の規定は、所有者等探索委員による法第11条第1項の調査について準用するとされた（法第12条）。

　　すなわち、所有者等探索委員は、表題部所有者不明土地の所有者等の探索のため、表題部所有者不明土地又はその周辺の地域に所在する土地の実地調査をすること、表題部所有者不明土地の所有者、占有者その他の関係者からその知っている事実を聴取し又は資料の提出を求めることその他表題部所有不明土地の所有者等の探索のために必要な調査をすることができるとともに（法第5条）、所有者等探索委員又はその調査の補助を行う法務局若しくは地方法務局の職員は、法第6条の規定に基づき、立入調査を行うことができることとなる。

　　したがって、所有者等探索委員等が行う調査については、法第8条の規定に基づく関係地方公共団体の長その他の者に対する情報提供の求めを除き、第2の2⑷アからウまでと同様に取り扱うものとする。
⑵　所有者等探索委員が携帯する身分証明書（法第12条において準用する法第6条第6項）の様式は、別記第13号様式によるものとする。
⑶　登記官は、所有者等探索委員に対し、法第12条において準用する法第5条の調査の経過又は結果その他必要な事項について報告を求めることができるとされた（規則第5条）。所有者等探索委員の当該報告は、別記第14号様式の書面その他適宜の方法によって行うものとする。
5　所有者等探索委員の意見の提出
⑴　所有者等探索委員は、必要な調査を終了したときは、遅滞なく、登記官に対し、その意見を提出しなければならないとされた（法第13条）。

　　なお、所有者等探索委員は、意見を提出する際には、当該調査に当たって収集した資料についても、当該意見とともに登記官に提出するものとする。
⑵　⑴の意見の提出は、書面又は電磁的記録をもってするものとするとされた（規則第6条）。

　　意見には、以下の事項を記載又は記録するものとする。
　ア　手続番号
　イ　表題部所有者不明土地に係る所在事項
　ウ　所有者等の調査結果及びその理由
　エ　意見提出の年月日
　オ　作成者の職氏名
　カ　所有者等の特定に当たり参考とした資料
⑶　⑴の意見の提出は、別記第15号様式又はこれに準ずる様式によるものと

し、２以上の所有者等探索委員の意見が一致する場合には、共同で１つの意見を提出して差し支えないものとする。

また、必要に応じ、意見に(2)カの全部若しくは一部の写しを添付し、又はその概要を記載若しくは記録するものとする。

(4) 登記官は、所有者等探索委員から意見の提出があった場合には、遅滞なく、その内容を確認した上で調査又は意見の補充の要否を判断し、必要に応じ、所有者等探索委員に対し、これを指示するものとする。

第4　所有者等の特定及び表題部所有者の登記
　1　所有者等の特定
　(1)　所有者等の特定の判断
　　　登記官は、所有者等の探索により得られた情報の内容その他の事情を総合的に考慮して、当該探索に係る表題部所有者不明土地が以下のアからウまでのいずれに該当するかの判断（ア又はウにあっては、表題部所有者として登記すべき者（表題部所有者不明土地の所有者等のうち、表題部所有者として登記することが適当である者をいう。以下同じ。）の氏名又は名称及び住所の特定を含む。）をするとされた（法第14条第１項第１号から第３号まで）。この場合において、当該表題部所有者不明土地が数人の共有に属し、かつ、その共有持分の特定をすることができるときは、当該共有持分についても特定をするものとするとされた（同項柱書後段）。
　　ア　当該表題部所有者不明土地の表題部所有者として登記すべき者があるとき（当該表題部所有者不明土地が数人の共有に属する場合にあっては、全ての共有持分について表題部所有者として登記すべき者があるとき。）。
　　イ　当該表題部所有者不明土地の表題部所有者として登記すべき者がないとき（当該表題部所有者不明土地が数人の共有に属する場合にあっては、全ての共有持分について表題部所有者として登記すべき者がないとき。）。
　　ウ　当該表題部所有者不明土地が数人の共有に属する場合において、表題部所有者として登記すべき者がない共有持分があるとき（イの場合を除く。）。
　(2)　表題部所有者として登記すべきものがないことの事由の判断
　　　登記官は、所有者等の探索に係る表題部所有者不明土地が(1)イ又はウのいずれかに該当する場合においては、その事由が以下のいずれに該当するかの判断をするものとするとされた（法第14条第１項柱書前段、第４号）。
　　ア　当該表題部所有者不明土地（当該表題部所有者不明土地が数人の共有に属する場合にあっては、その共有持分。イにおいて同じ。）の所有者等を特定することができなかったこと。
　　イ　当該表題部所有者不明土地の所有者等を特定することができた場合であって、当該表題部所有者不明土地が法人でない社団等に属するとき又は法人でない社団等に属していたとき（当該法人でない社団等以外の所有者

等に属するときを除く。）において、表題部所有者として登記すべき者を特定することができないこと。

(3) 所有者特定書の作成

登記官は、(1)の判断（(2)の判断を要する場合には当該判断を含む。）をしたときは、その理由その他法務省令で定める事項を記載し、又は記録した書面又は電磁的記録（以下「所有者特定書」という。）を作成しなければならないとされた（法第14条第2項）。

(4) 所有者特定書の記録事項

所有者特定書には、以下の事項を記録するとされた（法第14条第2項、規則第7条第1項）。

ア　手続番号

イ　表題部所有者不明土地に係る所在事項

ウ　結論

なお、結論には、表題部所有者として登記すべき者が死亡している場合にあっては、公的資料で判明する限度で、被相続人に係る法定相続人情報として、以下の事項を記録することができる。

　(ア)　被相続人である表題部所有者の氏名、出生の年月日、最後の住所、登記簿上の住所及び本籍並びに死亡の年月日

　(イ)　(ア)の表題部所有者の相続人（被相続人又はその相続人の戸籍及び除かれた戸籍の謄本又は全部事項証明書により確認することができる相続人となり得る者をいう。以下同じ。）の氏名、出生の年月日、住所及び当該表題部所有者との続柄（当該相続人が死亡しているときにあっては、氏名、出生の年月日、当該表題部所有者との続柄及び死亡の年月日）

　(ウ)　(ア)の表題部所有者の相続人（以下「第一次相続人」という。）が死亡している場合には、第一次相続人の相続人（以下「第二次相続人」という。）の氏名、出生の年月日、住所及び第一次相続人との続柄（当該相続人が死亡しているときにあっては、氏名、出生の年月日、当該第一次相続人との続柄及び死亡の年月日）

　(エ)　第二次相続人が死亡しているときは、第二次相続人を第一次相続人と、第二次相続人を第1次相続人の相続人とみなして、(ウ)と同様の事項とし、当該相続人（その相続人を含む。）が死亡しているときも、同様の事項とするものとする。

　(オ)　相続人の全部又は一部が判明しないときは、その旨

エ　理由

オ　所有者等探索委員の意見が提出されている場合には、その旨

カ　作成の年月日

(5) 所有者特定書の方式

所有者特定書は、電磁的記録をもって作成することができる（法第14条第

２項、規則第７条第３項）が、当分の間、別記第16号様式の書面又はこれに準ずる様式の書面をもって作成するものとし、登記官が職氏名を記載し、職印を押印しなければならないとされた（規則第７条第２項）。なお、ウ(ｱ)から(ｵ)までの事項は、別記第17号様式又はこれに準ずる様式により作成するものとする。

　　また、法第14条第２項の理由については、登記官が所有者等探索委員に調査をさせた場合には、当該所有者等探索委員の意見書を引用する方法によって明らかにして差し支えない。この場合には、引用する所有者等探索委員の意見書の写しを所有者特定書の末尾に添付し、理由欄には「令和何年何月何日付け所有者等探索委員○○作成に係る別紙意見書「(2)の結果に至った理由」欄記載のとおりであるからこれをここに引用する。」、「次のとおり付け加えるほか、令和何年何月何日付け所有者等探索委員○○作成に係る別紙意見書「(2)の結果に至った理由」欄記載のとおりであるからこれをここに引用する。」等と記載するものとする。

(6)　所有者特定書の変更又は更正

　ア　法第15条第２項の規定による公告を行った後、新たな資料の提出等があったことにより、これに基づいて所有者特定書を変更する必要があることが判明した場合には、登記官は、法第15条第１項の規定による登記をする前であれば、一旦作成した所有者特定書について、変更することとして差し支えない。この場合においては、その変更前のものは、当該調査の調書又は報告書とともに、所有者等特定書等つづり込み帳につづり込むものとする。

　イ　法第15条第１項の規定による登記後に、所有者特定書に誤記その他これに類する明白な誤りがあることが判明したときは、登記官は、当該登記官を監督する法務局又は地方法務局の長の許可を得て、更正することができるものとする。

　　なお、所有者特定書を更正することにより、法第15条第１項の規定により登記された表題部所有者として登記すべき者の氏名又は名称及び住所を更正する必要がある場合には、登記官が職権で更正するものとする（不動産登記法（平成16年法律第123号）第28条）。この場合には、登記官は、下記２(4)の通知をした者に対し、不動産登記規則第183条第１項第１号の規定に基づき、登記が完了した旨を通知するものとする。

　　所有者特定書の更正は、別記第18号様式の更正書により行うものとする。

　　更正書は、所有者特定書とともに保存するものとする。

(7)　所有者特定書の閲覧の請求

　　２の表題部所有者の登記等がされた後、所有者特定書（上記(6)の更正書を含む。以下同じ。）は、登記簿の附属書類として、不動産登記法第121条第２

項に基づく閲覧の請求の対象となる。

閲覧を請求することができる者としては、表題部所有者として登記された者及びその相続人その他の一般承継人が考えられる。この場合において、不動産登記規則第193条第3項に規定する利害関係がある書面は、表題部所有者として登記された者については、本人であることを証する情報、当該者の相続人その他の一般承継人については、相続その他の一般承継により当該表題部所有者の地位を承継したことを証する情報とする。

これらの者から、所有者特定書の閲覧の請求がされた場合には、登記官は、所有者特定書（書面をもって所有者特定書が作成されたときは、規則第13条第2項の規定により当該書面に記載された情報の内容を記録した電磁的記録）に記録された情報の内容を書面に出力して表示するものとする（不動産登記規則第202条第2項）。

2　表題部所有者の登記等

⑴　登記前の公告

登記官は、下記⑵による登記をしようとするときは、あらかじめ、法務省令で定めるところにより、その旨その他法務省令で定める事項を公告しなければならないとされた（法第15条第2項）。

公告は、表題部所有者不明土地の所在地を管轄する登記所の掲示場その他登記所内の公衆の見やすい場所に掲示して行う方法又は法務局若しくは地方法務局のホームページに掲載する方法により、2週間行うとされた（規則第8条第1項において準用する第2条第1項）ところ、当分の間は前者の方法により行うものとする。公告は、別記第19号様式によるものとする。

なお、個人情報に配慮しつつ、下記⑵による登記を行う旨を広く周知するため、上記公告とは別に、別記第20号様式により、その概要（当該表題部所有者不明土地の登記記録の表題部の所有者欄に記録されている事項並びに規則第8条第2項各号に定める事項のうち、当該表題部所有者不明土地の表題部所有者として登記すべき者（自然人である場合に限る。）の氏名及び住所並びに法第14条第1項後段の規定による特定をした場合にあっては当該表題部所有者不明土地が数人の共有に属していた場合におけるその共有持分を除いた事項）を法務局又は地方法務局のホームページに掲載するものとする。

⑵　表題部所有者の登記

登記官は、所有者等の特定をしたときは、当該所有者等の特定に係る表題部所有者不明土地につき、職権で、遅滞なく、表題部所有者の登記を抹消しなければならないとされた。

この場合において、登記官は、不動産登記法第27条第3号の規定にかかわらず、当該表題部所有者不明土地の表題部に、以下に掲げる所有者等の特定の区分に応じ、当該区分に定める事項を登記するとされた（法第15条第1項）。

これらの登記は、(1)の公告の期間の満了後速やかに行うものとする。

ア　1(1)アに掲げる場合　当該表題部所有者不明土地の表題部所有者として登記すべき者の氏名又は名称及び住所（当該表題部所有者不明土地が数人の共有に属し、かつ、その共有持分の特定をすることができるときは、当該共有持分を含む。）

イ　1(1)イに掲げる場合　その旨（当該表題部所有者不明土地が数人の共有に属し、かつ、その共有持分の特定をすることができるときは、当該共有持分を含む。）

ウ　1(1)ウに掲げる場合　当該表題部所有者不明土地の表題部所有者として登記すべき者がある共有持分についてはその者の氏名又は名称及び住所（当該表題部所有者不明土地が数人の共有に属し、かつ、その共有持分の特定をすることができるときは、当該共有持分を含む。）、表題部所有者として登記すべき者がない共有持分についてはその旨（当該表題部所有者不明土地が数人の共有に属し、かつ、その共有持分の特定をすることができるときは、当該共有持分を含む。）

エ　1(2)に掲げる場合　以下に掲げる事由の区分に応じ、それぞれの区分に定める事項

(ア)　1(2)アに掲げる場合　その旨

(イ)　1(2)イに掲げる場合　その旨

また、ア又はウに該当する場合において、表題部所有者として登記すべき者が次のいずれかに該当するときは、それぞれの区分に応じ、それぞれの区分に定める事項を登記するとされた（規則第9条第4項）。

オ　表題部所有者として登記すべき者が法人でない社団等の代表者又は管理人である場合　その旨

カ　表題部所有者として登記すべき者が過去の一定の時点における所有権又は共有持分が帰属していたものである場合　その旨及び当該時点

おって、登記の記録例は、別紙のとおりとする。

(3)　登記後の公告

登記官は、(2)の登記をしたときは、遅滞なく、法務省令で定めるところにより、その旨その他法務省令で定める事項を公告しなければならないとされた（法第16条）。

公告は、表題部所有者不明土地の所在地を管轄する登記所の掲示場その他登記所内の公衆の見やすい場所に掲示して行う方法又は法務局若しくは地方法務局のホームページに掲載する方法により、2週間行うとされた（規則第10条第1項において準用する第2条第1項）ところ、両方の方法により行うものとする。

公告は、別記第21号様式によるものとする。

(4)　登記後の通知等

登記官は、表題部所有者として登記された者又はその相続人その他の一般承継人であって知れているものに対し、登記が完了した旨を郵便、信書便その他適宜の方法により通知しなければならないとされた（規則第12条第1項、第3項）。

通知は、登記記録に記録した住所又は第2の2(4)若しくは第3の4(1)の調査において把握した住所に対し、別記第22号様式により行うものとする。ただし、登記記録上の住所以外の場所に通知することが相当であると認められる場合は、この限りでない。

通知を受けるべき者が2人以上あるときは、その1人に対し通知すれば足りるとされた（規則第12条第2項）ところ、以下に該当する者がいるときは、以下に示した順位に従い、当該者に通知するものとする。

第1順位　表題部所有者として登記された者（規則第9条第4項第2号に規定する場合を除く。）

第2順位　表題部所有者として登記された者の相続人その他の一般承継人であって連絡が取れた者

第3順位　固定資産課税台帳上の所有者又は納税義務者

第4順位　表題部所有者不明土地を占有する者

第5順位　表題部所有者不明土地を管理する者

第6順位　表題部所有者不明土地の近傍に居住する者

また、(2)の登記をしたときは、10日以内に、当該表題部所有者不明土地の所在の市区町村に対して、地方税法（昭和25年法律第226号）第382条第1項の規定に基づく通知を行うものとする。

(5)　地目又は地積の登記の申請に係る催告について

登記官は、所有者等の探索の過程において、表題部所有者不明土地について、不動産登記法第37条の規定により申請すべき事項で申請がなされていないものを発見した場合であっても、不動産登記事務取扱手続準則（平成17年2月25日付け法務省民二第456号当職通達）第63条第1項の規定にかかわらず、上記通知の対象者に対し、当該登記の申請を催告することを要しないものとする。

第5　所有者等の探索の中止

1　所有者等の探索の中止の判断

登記官は、表題部所有者不明土地に関する権利関係について訴訟が係属しているとき、その他相当でないと認めるときは、所有者等の探索、所有者等の特定及び登記に係る手続を中止することができるとされた（法第17条前段）。

なお、表題部所有者不明土地の現地におけるおおまかな位置をも特定することができないときは、「その他相当でないと認めるとき」に該当するものとして取り扱って差し支えない。

2　中止の処理

　　登記官は、1により所有者等の探索、所有者等の特定及び登記に係る手続を中止するときは、当該探索に係る職権表示登記等事件簿に中止の年月日、その旨及びその理由を記録するものとする。

3　中止の公告

　　登記官は、1により所有者等の探索、所有者等の特定及び登記に係る手続を中止するときは、手続番号、表題部所有者不明土地に係る所在事項及び中止した旨を公告しなければならないとされた（法第17条後段、規則第11条第2項）。

　　公告は、表題部所有者不明土地の所在地を管轄する登記所の掲示場その他登記所内の公衆の見やすい場所に掲示して行う方法又は法務局若しくは地方法務局のホームページに掲載する方法により、2週間行うとされた（同条第1項において準用する第2条第1項）が、当分の間、前者の方法により行うものとする。

　　なお、上記公告とは別に、便宜、公告と同様の内容を法務局又は地方法務局のホームページに掲載する方法によって明らかにするものとする。

　　公告は、別記第23号様式によるものとする。

第6　所有者特定書等つづり込み帳

1　登記所には、所有者特定書等つづり込み帳を備え付けるものとされ、不動産登記規則第19条の規定にかかわらず、関係地方公共団体の長その他の者への照会書の写し、提出された資料、書面をもって作成された所有者特定書（所有者特定書が電磁的記録をもって作成されている場合にあっては、その内容を書面に出力したもの）その他の所有者等の探索、所有者等の特定及び登記に係る手続に関する書類をつづり込むものとするとされた（規則第14条第2項）。

2　所有者特定書が書面をもって作成されているときは、当該書面に記載された情報の保存は、当該情報の内容を記録した電磁的記録を保存する方法によってするものとするとされた（規則第13条第2項）。

3　所有者特定書等つづり込み帳は、手続番号ごとに、上記1の書類等を以下のように分類した上で、つづり込んで作成するものとし、つづり込むに当たっては、別記第24号様式による仕切り紙を付すものとする。

　　また、第2分類には、別記第25号様式による目録又はこれに準ずる適宜の様式の目録を、エ、オ及びカの最初につづり込むものとする。

　　なお、同一字にある複数の表題部所有者不明土地について、表題部の所有者欄に記録されている名義が同一であることからまとめて所有者等の探索を行った場合などは、複数の手続番号の書類等をまとめてつづり込むこととしても差し支えない。この場合においては、目録の備考欄にその旨を記載するものとする。

⑴　第1分類

ア　所有者等探索委員が作成した意見書（法第13条）

　　イ　所有者特定書（法第14条第2項）

　　ウ　所有者等の探索の中止の判断に係る書類（法第17条）

　　エ　所有者特定書の変更又は更正に係る書類

　⑵　第2分類

　　ア　登記官が作成した調書（法第5条）

　　イ　他管轄登記所登記官が作成した調書（法第7条、規則第4条）

　　ウ　所有者等探索委員が作成した報告書（規則第5条）

　　エ　登記官又は所有者等探索委員が収集した資料（法第5条、第12条）

　　オ　利害関係人が提出した意見・資料（法第4条）

　　カ　上記以外の参考資料

　⑶　第3分類

　　ア　公告・通知関係書類（法第3条第2項、第4条、第15条第2項、第16
　　　　条、第17条、規則第2条、第3条第2項、第8条、第10条、第11条、第12
　　　　条）

　　イ　調査の嘱託関係書類（法第7条、規則第4条）

　　ウ　関係地方公共団体の長その他の者への照会書関係書類（法第8条）

　　エ　所有者等探索委員の指定関係書類（法第11条第2項）

第7　添付情報の提供の省略

　1　相続があったことを証する情報の提供の省略

　　　表題部所有者の相続人が相続を原因とする登記の申請をする場合において、
　　当該表題部所有者に係る所有者特定書（第4の1⑷ウ㋔の記録がないものに限
　　る。）の写し（不動産登記規則第202条第2項の規定に基づいて出力された書
　　面。以下同じ。）を提供したときは、当該書面により相続があったことを確認
　　することができることとなる限りにおいて、当該書面の提供をもって、相続が
　　あったことを証する市町村長（特別区の区長を含むものとし、地方自治法（昭
　　和22年法律第67号）第252条の19第1項の指定都市にあっては、区長又は総合
　　区長とする。以下同じ。）その他の公務員が作成した情報の提供に代えること
　　ができるものとする。

　2　住所を証する情報の提供の省略

　　　表題部所有者の相続人が所有権の保存の登記の申請をする場合において、当
　　該表題部所有者に係る所有者特定書の写し（当該相続人の住所が記録されてい
　　る場合に限る。）を提供したときは、当該書面により当該相続人の住所を確認
　　することができることとなる限りにおいて、当該手続番号の提供をもって、登
　　記名義人となる者の住所を証する市町村長その他の公務員が職務上作成した情
　　報の提供に代えることができるものとする。

別記第1号様式（第2の2(2)及び(3)関係）

　　　　所有者等の探索の開始等の公告

　下記2の土地は、表題部所有者不明土地（表題部所有者不明土地の登記及び管理の適正化に関する法律（令和元年法律第15号）第3条第1項に規定する表題部所有者不明土地をいう。）であり、同項に基づく当該土地の所有者等の探索を行うので、同条第2項の規定により、公告する。

　また、当該土地の利害関係人は、本日から同法第15条第2項又は第17条後段の公告がされるまでの間、当該土地の所有者等（所有権又は共有持分が帰属し、又は帰属していた自然人又は法人（法人でない社団又は財団を含む。）をいう。）について、下記6の提出先宛てに意見又は資料を提出することができるので、同法第4条後段の規定により、公告する。

　　　　令和何年何月何日　　何法務局何出張所　　登記官
　　　　　　　　　　　　　　　　　記
1　手続番号
2　表題部所有者不明土地に係る所在事項
3　地目
4　地積
5　表題部所有者不明土地の登記記録の表題部の所有者欄に記録されている事項
6　意見又は資料の提出先

（複数の土地について同時に公告する場合）

　　　　所有者等の探索の開始等の公告

　別紙に掲げる土地は、表題部所有者不明土地（表題部所有者不明土地の登記及び管理の適正化に関する法律（令和元年法律第15号）第3条第1項に規定する表題部所有者不明土地をいう。）であり、同項に基づく当該土地の所有者等の探索を行うので、同条第2項の規定により、公告する。

　また、当該土地の利害関係人は、本日から同法第15条第2項又は第17条後段の公告がされるまでの間、当該土地の所有者等（所有権又は共有持分が帰属し、又は帰属していた自然人又は法人（法人でない社団又は財団を含む。）をいう。）について、下記の提出先宛てに意見又は資料を提出することができるので、同法第4条後段の規定により、公告する。

　　　　令和何年何月何日　　何法務局何出張所　　登記官
　　　　　　　　　　　　　　　　　記
意見又は資料の提出先

手続番号	表題部所有者不明土地に係る所在事項	地目	地積	表題部所有者不明土地の登記記録の表題部の所有者欄に記録されている事項

別記第2号様式（第2の2(2)及び(3)関係）

　　　　所有者等の探索の開始等について（お知らせ）

　下記2の土地は、表題部所有者不明土地（表題部所有者不明土地の登記及び管理の適正化に関する法律（令和元年法律第15号）第3条第1項に規定する表題部所有者不明土地をいう。）であり、同項に基づく当該土地の所有者等の探索を行うので、お知らせします。

　また、当該土地の利害関係人は、本日から同法第15条第2項又は第17条後段の公告がされるまでの間、当該土地の所有者等（所有権又は共有持分が帰属し、又は帰属していた自然人又は法人（法人でない社団又は財団を含む。）をいう。）について、下記5の提出先宛てに意見又は資料を提出することができます。

　　　　令和何年何月何日　何法務局何出張所　登記官

　　　　　　　　　　　　　　　　　記

1　手続番号
2　表題部所有者不明土地に係る所在事項
3　地目
4　地積
5　意見又は資料の提出先

（複数の土地について探索の開始等を同時に知らせる場合）

　　　　所有者等の探索の開始等について（お知らせ）

　別紙に掲げる土地は、表題部所有者不明土地（表題部所有者不明土地の登記及び管理の適正化に関する法律（令和元年法律第15号）第3条第1項に規定する表題部所有者不明土地をいう。）であり、同項に基づく当該土地の所有者等の探索を行うので、お知らせします。

　また、当該土地の利害関係人は、本日から同法第15条第2項又は第17条後段の公告がされるまでの間、当該土地の所有者等（所有権又は共有持分が帰属し、又は帰属していた自然人又は法人（法人でない社団又は財団を含む。）をいう。）について、下記の提出先宛てに意見又は資料を提出することができます。

　　　　令和何年何月何日　何法務局何出張所　登記官

　　　　　　　　　　　　　　　　　記

意見又は資料の提出先

154

手続番号	表題部所有者不明土地に係る所在事項	地目	地積

別記第3号様式（第2の2⑷ア関係）

第　　　　　　　号
令和　　年　　月　　日

長　　殿

法務局　　出張所
登記官　　　　職印

表題部所有者不明土地の所有者等に関する情報の提供について（依頼）
　表題部所有者不明土地の登記及び管理の適正化に関する法律（令和元年法律第15号）第8条に基づき、下記の表題部所有者不明土地に関する○○台帳及び○○台帳の写しの提供を依頼します。

記

1　手続番号
2　表題部所有者不明土地に係る所在事項
3　地目
4　地積
5　表題部所有者不明土地の登記記録の表題部の所有者欄に記録されている事項

別記第4号様式（第2の2(4)ウ(ア)関係）

（手続番号）

調査票

令和　　年　　月　　日

何市名区何町何丁目何番何号
法務局　　　出張所
登記官

1	調査対象土地の概要

(1)　調査対象土地の沿革等

土地の表題履歴

登記年月日						
異動事由						
地積（㎡）						
地目						
所有権の登記名義人						
その他事項						

(2)　表題部の記録事項

所在地番	地目	地積	表題部所有者（共有の場合は各持分）	表題部所有者の住所

(3)　旧土地台帳の記載事項

所在地番	地目	地積	沿革	所有／質取主住所	所有／質取主氏名

2	所有者の特定に関する資料

登記所資料	☐土地登記記録
	☐土地閉鎖登記記録・閉鎖登記簿
	☐建物登記記録
	☐建物閉鎖登記記録・閉鎖登記簿
	☐地図
	☐地図に準ずる図面
	☐閉鎖地図及び閉鎖地図に準ずる図面
	☐旧土地台帳
	☐旧土地台帳附属地図（和紙公図）
	☐共有者連名簿
	☐その他（　　　　　　　　）
官公署等資料	☐戸籍（除籍等を含む。）
	☐住民票
	☐固定資産課税台帳
	☐道路台帳及び道路台帳附属地図
	☐路線図
	☐林地台帳及び林地台帳附属地図
	☐墓地台帳
	☐公共用地払下げ図面等
	☐財産管理台帳
	☐地籍調査票
	☐農地台帳
	☐耕作者名簿
	☐その他（　　　　　　　　）
その他	☐住宅地図
	☐空中写真
	☐相続人の証言
	☐近隣住民等の証言
	☐その他（　　　　　　　　）

3	調査対象土地等の現況、境界標及び囲障等の設置状況等

(1) 対象土地等の現況

(2) 占有状況

占有者	占有開始時期	占有開始経緯・権原等

占有状況	
撮影年月日	撮影年月日
備　　考	備　　考
撮影年月日	撮影年月日
備　　考	備　　考

(3) 境界標・囲障等の設置状況

設置者	設置時期	設置経緯等	設置者	設置時期	設置経緯等

設置状況	
撮影年月日	撮影年月日
備　　考	備　　考

4 所有者等の調査		
(1) 資料等の調査		
旧土地台帳	結果	
戸（除）籍謄本等	結果	
旧土地台帳附属地図 （公図）	結果	
墓地台帳	結果	
近隣住民等からの証言	結果	証言者 （表題部所有者との関係 ） 証言者 （表題部所有者との関係 ）
その他 （ ）	結果	

(2) 所有者等の調査結果

(3) (2)の結果に至った理由

別記第5号様式（第2の2(4)エ関係）

第　　　　　　号

令和　　年　　月　　日

　　（地方）法務局　　登記官　殿

法務局　　出張所

登記官　　　　　　職印

　　表題部所有者不明土地の所有者等の特定のために必要な調査の嘱託について

　表題部所有者不明土地の登記及び管理の適正化に関する法律（令和元年法律第15号）第7条に基づき、下記の表題部所有者不明土地の関係者について、同法第5条の調査を嘱託します。

記

1　手続番号
2　表題部所有者不明土地に係る所在事項
3　地目
4　地積
5　表題部所有者不明土地の登記記録の表題部の所有者欄に記録されている事項
6　表題部所有者不明土地の関係者の住所及び氏名
　(1)　住所
　(2)　氏名
7　調査事項

別記第6号様式（第2の2(4)エ関係）

第　　　　　　号

令和　　年　　月　　日

　　（地方）法務局　　登記官　殿

法務局　　出張所

登記官　　　　　　職印

　　　　表題部所有者不明土地の所有者等に関する調書について
　表題部所有者不明土地の登記及び管理の適正化に関する法律（令和元年法律第
15号）第７条に基づき、下記の表題部所有者不明土地の関係者について、同法第
５条の調査を行ったので、表題部所有者不明土地の登記及び管理の適正化に関す
る法律施行規則（令和元年法務省令第42号）第４条に基づき、その調査の結果を
記録した調書を別添のとおり送付します。

　　　　　　　　　　　　　　　記

１　手続番号
２　表題部所有者不明土地の関係者の住所及び氏名
　(1)　住所
　(2)　氏名

別添

調書（事情聴取等）		手続番号	第	号
作成年月日				
作成者				
日時、対象者	概要			
その他特記事項				

第　　　　　　　号

令和　　年　　月　　日

　　　　会　長　　殿

（地方）法務局長

　　　所有者等探索委員の候補者の推薦について（依頼）

　表題部所有者不明土地の登記及び管理の適正化に関する法律（令和元年法律第15号）第9条第2項の規定に基づき、所有者等探索委員を任命する必要がありますので、候補者○名を推薦願いたく依頼します。

　なお、推薦に当たっては、別紙様式1の書面に所要事項を記載の上、別紙様式2により作成した候補者の履歴書とともに提出願います。

※　必要に応じ、所有者等の探索の対象となる地域又は所有者等の探索を行う表題部所有者不明土地に係る情報を添付する。

別紙様式1

第　　　　　　　号

令和　　年　　月　　日

　　（地方）法務局長

○　○　○　○会長

　　　所有者等探索委員の候補者の推薦について

　令和　　年　　月　　日付け第　　号をもって依頼を受けた所有者等探索委員の候補者として下記の者を推薦します。

記

番号	氏名	住所	生年月日

別紙様式2

履 歴 書

令和　　年　　月　　日

ふりがな 氏　　名	（㊞）	写 真
生年月日	（昭・平）　　年　　月　　日生（満　　歳）	
現住所	〒　　　　　　　　　　　　　　　　　　　TEL	
勤務先	〒　　　　　　　　　　　　　　　　　　　TEL	
携帯電話番号		メールアドレス	

年	月	職歴

取得年月日	資格・免許等

健康状態

その他特筆すべき事項（所有者等探索に関する経験等）

別記第8号様式（第3の1(5)関係）

第　　　　　号

令和　年　月　日

市区町村長　殿

（地方）法務局長

所有者等探索委員の候補者の推薦について（依頼）

　表題部所有者不明土地の登記及び管理の適正化に関する法律（令和元年法律第15号）第9条第2項の規定に基づき、下記2の知識及び経験を有する所有者等探索委員を任命する必要がありますので、下記1の土地について候補者を推薦願いたく依頼します。

　なお、推薦に当たっては、別紙様式1の書面に所要事項を記載の上、別紙様式2により作成した候補者の履歴書とともに提出願います。

記

1　表題部所有者不明土地に係る所在事項
2　所有者等探索委員としての職務を行うのに必要な知識及び経験

別紙様式1

第　　　　　号

令和　年　月　日

（地方）法務局長

市区町村長

所有者等探索委員の候補者の推薦について

　令和　年　月　日付け第　号をもって依頼を受けた所有者等探索委員の候補者として下記の者を推薦します。

記

番号	氏名	住所	生年月日

別紙様式2

履 歴 書

令和　　年　　月　　日

ふりがな 氏　　名			印	写
生年月日	（昭・平）　　年　　月　　日生（満　　歳）			真
現住所	〒　　　　　　　　　　　　　　　　　TEL			
勤務先	〒　　　　　　　　　　　　　　　　　TEL			
携帯電話番号		メールアドレス		

年	月	職歴

取得年月日	資格・免許等

健康状態

その他特筆すべき事項（所有者等探索に関する経験等）

別記第9号様式（第3の1⑹関係）

人事異動通知書	
（氏名）	（現官職）
（異動内容） 　　所有者等探索委員に任命する。	
令和　　年　　月　　日 　　任命権者 　　　　（地方）法務局長　　　　　　　職印	

別記第10号様式（第3の2⑵関係）

人事異動通知書	
（氏名）	（現官職） 　　　　所有者等探索委員
（異動内容） 　　令和　　年　　月　　日辞職を承認する。	

令和　　年　　月　　日
　　任命権者
　　　　　（地方）法務局長　　　　　　職印

別記第11号様式（第3の3(5)関係）

第　　　　　　　号
令和　　年　　月　　日

　　　　殿

　　　　　　　　　（地方）法務局長　　　　職印

　　所有者等探索委員の指定について
　表題部所有者不明土地の登記及び管理の適正化に関する法律（令和元年法律第
15号）第11条第2項の規定により、下記の同法第3条第1項の所有者等の探索の
手続について、所有者等探索委員に指定する。
　　　　　　　　　　　　　　記
所有者等の探索の手続の表示
　手続番号　第　　　　　　号
　対象土地

別記第12号様式（第3の3(5)関係）

第　　　　　　　号
令和　　年　　月　　日

　　　　殿

　　　　　　　　　（地方）法務局長　　　　職印

所有者等探索委員の指定の取消しについて
　下記の表題部所有者不明土地の登記及び管理の適正化に関する法律（令和元年
法律第15号）第３条第１項の所有者等の探索の手続について、所有者等探索委員
の指定を取り消す。
　　　　　　　　　　　　　　　　　　記
所有者等の探索の手続の表示
　手続番号　　第　　　　　　　　　号
　対象土地

別記第13号様式（第３の４⑵関係）
（所有者等探索委員の身分証明書）
（表面）

　　　　　　　　　　　　　　　　　　　　　　　　　　　第　　　号

　　　　　　　　　　　　　身　分　証　明　書

　┌─────┐
　│　　　　　│
　│　写　真　│　　　　　　　　　　　　　　　　　（地方）法務局
　│　　　　　│　　　　　　　　所有者等探索委員　　氏　　　　　名
　└─────┘　　　　　　　　　　　　　　　　　年　月　日　生

上記の者は、　　　　（地方）法務局の所有者等探索委員であることを証明する。

　令和　　年　月　　日

　　　　（地方）法務局長　　何　　　　某　㊞

（裏面）

注意事項
　1　この証明書は、他人に貸与し、預け入れ、又は譲り渡してはならない。
　2　この証明書は、新たな証明書の交付を受けたとき又は退任し若しくは辞任したときは、直ちに発行者に返還しなければならない。
　3　この証明書を破損し、又は紛失したときは、直ちに発行者に届け出なければならない。
　表題部所有者不明土地の登記及び管理の適正化に関する法律（令和元年法律第15号）抜粋
第5条　登記官は、第3条第1項の探索のため、表題部所有者不明土地又はその周辺の地域に所在する土地の実地調査をすること、表題部所有者不明土地の所有者、占有者その他の関係者からその知っている事実を聴取し又は資料の提出を求めることその他表題部所有者不明土地の所有者等の探索のために必要な調査をすることができる。
第6条　（立入調査）法務局又は地方法務局の長は、登記官が前条の規定により表題部所有者不明土地又はその周辺の地域に所在する土地の実地調査をする場合において、必要があると認めるときは、その必要の限度において、登記官に、他人の土地に立ち入らせることができる。
　2　法務局又は地方法務局の長は、前項の規定により登記官を他人の土地に立ち入らせようとするときは、あらかじめ、その旨並びにその日時及び場所を当該土地の占有者に通知しなければならない。
　3　第1項の規定により宅地又は垣、柵等で囲まれた他人の占有する土地に立ち入ろうとする登記官は、その立入りの際、あらかじめ、その旨を当該土地の占有者に告げなければならない。
　4　日出前及び日没後においては、土地の占有者の承諾があった場合を除き、前項に規定する土地に立ち入ってはならない。
　5　土地の占有者は、正当な理由がない限り、第1項の規定による立入りを拒み、又は妨げてはならない。
　6　第1項の規定による立入りをする場合には、登記官は、その身分を示す証明書を携帯し、関係者の請求があったときは、これを提示しなければならない。
　7　国は、第1項の規定による立入りによって損失を受けた者があるときは、その損失を受けた者に対して、通常生ずべき損失を補償しなければならない。
第12条（所有者等探索委員による調査への準用）　第5条及び第6条の規定は、所有者等探索委員による前条第1項の調査について準用する。この場合において、第6条第1項中「登記官に」とあるのは「所有者等探索委員又は第11条第3項の職員（以下この条において「所有者等探索委員等」という。）に」と、同条第2項、第3項及び第6項中「登記官」とあるのは「所有者等探索委員等」と読み替えるものとする。
第34条　第6条第5項（第12条において準用する場合を含む。）の規定に違反して、第6条第1項（第12条において準用する場合を含む。）の規定による立入りを拒み、又は妨げた者は、30万円以下の罰金に処する。

別記第14号様式（第3の4(3)関係）

(地方) 法務局	所有者等の調査に関する報告書	(手続番号)
登記官　殿		

以下のとおり調査をしたので、報告します。

令和　　年　　月　　日

所有者等探索委員
住所

1　調査対象土地の概要

(1)　調査対象土地の沿革等

土地の表題履歴							
登記年月日							
異動事由							
地積（㎡）							
地目							
所有権の登記名義人							
その他事項							

(2)　表題部の記録事項

所在地番	地目	地積	表題部所有者（共有の場合は各持分）	表題部所有者の住所

(3)　旧土地台帳の記載事項

所在地番	地目	地積	沿革	所有／質取主住所	所有／質取主氏名

2　所有者の特定に関する資料

登記所資料	□土地登記記録
	□土地閉鎖登記記録・閉鎖登記簿
	□建物登記記録
	□建物閉鎖登記記録・閉鎖登記簿
	□地図
	□地図に準ずる図面
	□閉鎖地図及び閉鎖地図に準ずる図面
	□旧土地台帳
	□旧土地台帳附属地図（和紙公図）
	□共有者連名簿
	□その他（　　　　　　　　　　　）
官公署等資料	□戸籍（除籍等を含む。）
	□住民票
	□固定資産課税台帳
	□道路台帳及び道路台帳附属地図
	□路線図
	□林地台帳及び林地台帳附属地図
	□墓地台帳
	□公共用地払下げ図面等
	□財産管理台帳
	□地籍調査票
	□農地台帳
	□耕作者名簿
	□その他（　　　　　　　　　　　）
その他	□住宅地図
	□空中写真
	□相続人の証言
	□近隣住民等の証言
	□その他（　　　　　　　　　　　）

170

3	調査対象土地等の現況、境界標及び囲障等の設置状況等

(1) 対象土地等の現況

(2) 占有状況

占有者	占有開始時期	占有開始経緯・権原等

占有状況	
撮影年月日 備　　考	撮影年月日 備　　考
撮影年月日 備　　考	撮影年月日 備　　考

(3) 境界標・囲障等の設置状況

設置者	設置時期	設置経緯等	設置者	設置時期	設置経緯等

設置状況	
撮影年月日 備　　考	撮影年月日 備　　考

4	所有者等の調査		
(1)	資料等の調査		

旧土地台帳	結果	
戸（除）籍謄本等	結果	
旧土地台帳附属地図 （公図）	結果	
墓地台帳	結果	
近隣住民等からの証言	結果	証言者　　　　（表題部所有者との関係　　　　　　　　　　　　　） 証言者　　　　（表題部所有者との関係　　　　　　　　　　　　　）
その他 （　　　　　　　）	結果	

(2)　所有者等の調査結果

(3)　(2)の結果に至った理由

別記第15号様式（第3の5(3)関係）

（地方）法務局 登記官　殿	所有者等の特定に関する意見書	（手続番号）

以下のとおり調査をしたので、意見を提出します。

　　令和　　年　　月　　日

所有者等探索委員
住所

1　調査対象土地の概要

(1)　調査対象土地の沿革等

土地の表題履歴						
登記年月日						
異動事由						
地積（㎡）						
地目						
所有権の登記名義人						
その他事項						

(2)　表題部の記録事項

所在地番	地目	地積	表題部所有者（共有の場合は各持分）	表題部所有者の住所

(3)　旧土地台帳の記載事項

所在地番	地目	地積	沿革	所有／質取主住所	所有／質取主氏名

2　所有者の特定に当たり参考とした資料

登記所資料	□土地登記記録
	□土地閉鎖登記記録・閉鎖登記簿
	□建物登記記録
	□建物閉鎖登記記録・閉鎖登記簿
	□地図
	□地図に準ずる図面
	□閉鎖地図及び閉鎖地図に準ずる図面
	□旧土地台帳
	□旧土地台帳附属地図（和紙公図）
	□共有者連名簿
	□その他（　　　　　　　　）
官公署等資料	□戸籍（除籍等を含む。）
	□住民票
	□固定資産課税台帳
	□道路台帳及び道路台帳附属地図
	□路線図
	□林地台帳及び林地台帳附属地図
	□墓地台帳
	□公共用地払下げ図面等
	□財産管理台帳
	□地籍調査票
	□農地台帳
	□耕作者名簿
	□その他（　　　　　　　　）
その他	□住宅地図
	□空中写真
	□相続人の証言
	□近隣住民等の証言
	□その他（　　　　　　　　）

3	調査対象土地等の現況、境界標及び囲障等の設置状況等

(1) 対象土地等の現況

(2) 占有状況

占有者	占有開始時期	占有開始経緯・権原等

占有状況	
撮影年月日 備　　考	撮影年月日 備　　考
撮影年月日 備　　考	撮影年月日 備　　考

(3) 境界標・囲障等の設置状況

設置者	設置時期	設置経緯等	設置者	設置時期	設置経緯等

設置状況	
撮影年月日 備　　考	撮影年月日 備　　考

174

4 所有者等の調査		
(1) 資料等の調査		
旧土地台帳	結果	
戸（除）籍謄本等	結果	
旧土地台帳附属地図 （公図）	結果	
墓地台帳	結果	
近隣住民等からの証言	結果	証言者　　（表題部所有者との関係　　　　　　　　　） 証言者　　（表題部所有者との関係　　　　　　　　　）
その他 （　　　　　　　　　）	結果	

(2) 所有者等の調査結果に基づく意見

(3) (2)の結果に至った理由

所有者特定書

手続番号　第　　　　号
対象土地　何市区郡何町村大字何字何何番

　上記対象土地について、（所有者等探索委員○○○○の意見を踏まえ、）次のとおり表題部所有者として登記すべき者（ケース①：「を特定する。」、ケース②：「を特定することができない。」、ケース③：「の一部を特定することができない。」）。
　なお、所有者等探索委員○○○から別添のとおり意見が提出されている（当該意見が提出された場合）。

結　　　論

理　　　由

令和　年　　月　　日
（地方）法務局（支局又は出張所）　
登記官　　　　　　　　　　

別記第17号様式（第４の１(5)関係）

```
                被相続人    甲野太郎    法定相続人情報


最後の住所
○○県○○市○○１丁目１番１号
登記簿上の住所
○○県○○市○○１丁目１番１号    住所  ○○県○○市○○２丁目２番２号
最後の本籍                   出生  昭和40年３月３日
○○県○○市○○１丁目100番    （長男）
出生  昭和15年１月１日       ┌甲野  一郎
死亡  昭和63年１月１日
（被相続人）                  住所  ○○県○○市○○３丁目３番３号
甲野  太郎                   出生  昭和42年４月４日
                             （二男）
                           ├甲野  二郎
                             出生  昭和46年１月１日
                             死亡  平成20年５月５日
住所  ○○県○○市○○１丁目   （長女）
      １番１号              └乙野  松子        住所  ○○県○○市○○
出生  昭和20年２月２日                                ４丁目４番４号
（妻）                                        出生  平成10年７月７日
甲野  花子                                    （長男）
                                           ┌乙野  梅雄

                           乙野  竹雄
                           （夫）
                           住所  ○○県○○市○○３丁目３番３号
                           出生  昭和46年６月６日
```

別記第18号様式（第4の1(6)関係）（更正書）

```
                    更　正　書

 手続番号
 表題部所有者不明土地に係る所在事項


 更正の内容
　所有者特定書中何貞何行目の「　　　　」を「　　　　」に更正する。






                        令和　　年　　月　　日
                        （地方）法務局
                        登記官　　　　　　　　職印
```

別記第19号様式（第4の2(1)関係）

　（法第14条第1項第1号に掲げる場合）

```
        表題部所有者の登記をしようとする旨の公告
　下記2の土地について、表題部所有者不明土地の登記及び管理の適正化に関す
る法律（令和元年法律第15号）第15条第1項の規定による登記を下記6及び7
（注：当該表題部所有者不明土地が数人の共有に属する場合に限る。）のとおり行
う予定であるので、同条第2項の規定により、公告する。
　　令和何年何月何日　　何法務局何出張所　登記官
                        記
1　手続番号
2　表題部所有者不明土地に係る所在事項
3　地目
4　地積
5　表題部所有者不明土地の登記記録の表題部の所有者欄に記録されている事項
6　表題部所有者として登記すべき者の氏名又は名称及び住所
7　6の共有持分（注：当該表題部所有者不明土地が数人の共有に属する場合に
　限る。）
```

（法第14条第1項第2号に掲げる場合）

　　　表題部所有者の登記をしようとする旨の公告
　下記2の土地について、表題部所有者不明土地の登記及び管理の適正化に関する法律（令和元年法律第15号）第15条第1項の規定による登記を下記5及び6のとおり行う予定であるので、同条第2項の規定により、公告する。
　　令和何年何月何日　　何法務局何出張所　登記官
　　　　　　　　　　　　　　記
1　手続番号
2　表題部所有者不明土地に係る所在事項
3　地目
4　地積
5　抹消する登記事項（表題部所有者不明土地の登記記録の表題部の所有者欄に記録されている事項）
6　登記すべき事項
　　（注：別紙記録例中の法第14条第1項第4号イ又はロのそれぞれの場合に対応した登記すべき事項を記載）

（法第14条第1項第3号に掲げる場合）

　　　表題部所有者の登記をしようとする旨の公告
　下記2の土地について、表題部所有者不明土地の登記及び管理の適正化に関する法律（令和元年法律第15号）第15条第1項の規定による登記を下記5及び6のとおり行う予定であるので、同条第2項の規定により、公告する。
　　令和何年何月何日　　何法務局何出張所　登記官
　　　　　　　　　　　　　　記
1　手続番号
2　表題部所有者不明土地に係る所在事項
3　地目
4　地積
5　抹消する登記事項（表題部所有者不明土地の登記記録の表題部の所有者欄に記録されている事項）
6　登記すべき事項
　　（注：別紙記録例中の法第14条第1項第4号イ又はロのそれぞれの場合に対応した登記すべき事項を記載）

別記第20号様式（第4の2(1)関係）

（法第14条第1項第1号に掲げる場合）

　　　　表題部所有者の登記のお知らせ
　下記2の土地について、表題部所有者不明土地の登記及び管理の適正化に関する法律（令和元年法律第15号）第15条第1項の規定による登記を下記5及び6（注：当該表題部所有者不明土地が数人の共有に属する場合に限る。）のとおり行う予定ですので、お知らせします。
　　　令和何年何月何日　何法務局何出張所　登記官
　　　　　　　　　　　　　　　記
1　手続番号
2　表題部所有者不明土地に係る所在事項
3　地目
4　地積
　（表題部所有者として登記すべき者が自然人以外である場合）
5　表題部所有者として登記すべき者の名称及び住所
6　5の共有持分（注：当該表題部所有者不明土地が数人の共有に属する場合に限る。）

（法第14条第1項第2号に掲げる場合）

　　　　表題部所有者の登記のお知らせ
　下記2の土地について、表題部所有者不明土地の登記及び管理の適正化に関する法律（令和元年法律第15号）第15条第1項の規定による登記を下記5及び6のとおり行う予定ですので、お知らせします。
　　　令和何年何月何日　何法務局何出張所　登記官
　　　　　　　　　　　　　　　記
1　手続番号
2　表題部所有者不明土地に係る所在事項
3　地目
4　地積
5　抹消する登記事項
　　表題部所有者不明土地の登記記録の表題部の所有者欄に記録されている事項
6　登記すべき事項
　　（注：別紙記録例中の法第14条第1項第4号イ又はロのそれぞれの場合に対応した登記すべき事項を記載）

（法第14条第1項第3号に掲げる場合）

　　　　表題部所有者の登記のお知らせ
　下記2の土地について、表題部所有者不明土地の登記及び管理の適正化に関する法律（令和元年法律第15号）第15条第1項の規定による登記を下記5及び6のとおり行う予定ですので、お知らせします。
　　　令和何年何月何日　何法務局何出張所　登記官
　　　　　　　　　　　　　　記
1　手続番号
2　表題部所有者不明土地に係る所在事項
3　地目
4　地積
5　抹消する登記事項
　　表題部所有者不明土地の登記記録の表題部の所有者欄に記録されている事項
6　登記すべき事項
　　（注：別紙記録例中の法第14条第1項第4号イ又はロのそれぞれの場合に対応した登記すべき事項（表題部所有者不明土地の表題部として登記すべき者（自然人である場合に限る。）の氏名及び住所並びに表題部所有者不明土地の表題部として登記すべき者全員の共有持分を除いた事項）を記載）

別記第21号様式（第4の2(3)関係）

　　　　表題部所有者の登記をした旨の公告
　下記2の土地について、表題部所有者不明土地の登記及び管理の適正化に関する法律（令和元年法律第15号）第15条第1項に規定する登記を行ったので、第16条の規定により、公告する。
　　　令和何年何月何日　何法務局何出張所　登記官
　　　　　　　　　　　　　　記
1　手続番号
2　表題部所有者不明土地に係る所在事項

別記第22号様式（第4の2(4)関係）

　　　　　　　　　　　　　　　　第　　　　　　　号
　　　　　　　　　　　　　　　　令和　　年　　月　　日

　　　　　　殿

　　　　　　　　　　　　　　法務局　　出張所
　　　　　　　　　　　　　　登記官　　　　　職印

　　　　表題部所有者不明土地の表題部所有者の登記について（通知）

　表題部所有者不明土地の登記及び管理の適正化に関する法律（令和元年法律第15号）第15条第1項に基づき、下記の表題部所有者不明土地の登記記録の表題部の所有者欄に表題部所有者の登記を行ったので、表題部所有者不明土地の登記及び管理の適正化に関する法律施行規則（令和元年法務省令第42号）第12条第1項に基づき、通知します。

　なお、この処分に不服があるときは、いつでも、当職を経由して、○○法務局長に対し、審査請求をすることができます（不動産登記法第156条第1項）。

　おって、この処分につき取消しの訴えを提起しようとする場合には、この処分の通知を受けた日から6月以内（通知を受けた日の翌日から起算します。）に、国を被告として（訴訟において国を代表する者は法務大臣となります。）、提起しなければなりません（なお、処分の通知を受けた日から6月以内であっても、処分の日から1年を経過すると処分の取消しの訴えを提起することができなくなりますので御注意ください。）。ただし、処分の通知を受けた日の翌日から起算して6月以内に審査請求をした場合には、処分の取消しの訴えは、その審査請求に対する裁決の送達を受けた日から6月以内（送達を受けた日の翌日から起算します。）に提起しなければならないこととされています。

　　　　　　　　　　　　　　　　記

1　手続番号
2　表題部所有者不明土地に係る所在事項
3　表題部所有者として登記すべき者の氏名又は名称及び住所
4　3の共有持分（法第14条第1項後段の特定をした場合に限る。）
（参照条文）
○　表題部所有者不明土地の登記及び管理の適正化に関する法律（令和元年法律第15号）
（表題部所有者の登記）
第15条　登記官は、所有者等の特定をしたときは、当該所有者等の特定に係る表題部所有者不明土地につき、職権で、遅滞なく、表題部所有者の登記を抹消しなければならない。この場合において、登記官は、不動産登記法第27条第3号の規定にかかわらず、当該表題部所有者不明土地の表題部に、次の各号に掲げる所有者等の特定の区分に応じ、当該各号に定める事項を登記するものとする。
　一　前条第1項第1号に掲げる場合当該表題部所有者不明土地の表題部所有者として登記すべき者の氏名又は名称及び住所（同項後段の特定をした場合にあっては、その共有持分を含む。）

182

二　前条第１項第２号に掲げる場合その旨（同項後段の特定をした場合に
　　あっては、その共有持分を含む。）
　三　前条第１項第３号に掲げる場合当該表題部所有者不明土地の表題部所有
　　者として登記すべき者がある共有持分についてはその者の氏名又は名称及
　　び住所（同項後段の特定をした場合にあって、その共有持分を含む。）、表
　　題部所有者として登記すべき者がない共有持分についてはその旨（同項後
　　段の特定をした場合にあっては、その共有持分を含む。）
　四　前条第１項第４号に掲げる場合次のイ又はロに掲げる同号の事由の区分
　　に応じ、当該イ又はロに定める事項
　　イ　前条第１項第４号イに掲げる場合その旨
　　ロ　前条第１項第４号ロに掲げる場合その旨
２　（略）

○　表題部所有者不明土地の登記及び管理の適正化に関する法律施行規則（令和
　元年法務省令第42号）
　（登記後の通知等）
　第12条　登記官は、法第15条第１項第１号又は第３号に定める事項を登記した
　　ときは、表題部所有者又はその相続人その他の一般承継人であって知れてい

　　るものに対し、登記が完了した旨を通知しなければならない。
　２・３　（略）

別記第23号様式（第５の３関係）

　　　　　所有者等の探索、所有者等の特定及び登記に係る手続を中止する旨の公告
　　下記２の土地について、表題部所有者不明土地の登記及び管理の適正化に関す
　る法律（令和元年法律第15号）第17条の規定により、所有者等の探索、所有者等
　の特定及び登記に係る手続を中止したので、同条後段の規定により、公告する。
　　令和何年何月何日　何法務局何出張所　登記官
　　　　　　　　　　　　　　　　　記
　１　手続番号
　２　表題部所有者不明土地に係る所在事項

別記第24号様式（第6の3関係）（表紙）

手続番号　　第　　　　　号

所有者特定書等つづり込み帳

法務局　　　出張所

別記第25号様式（第6の3関係）（目録）（資料）

<table>
<tr><td colspan="3" style="text-align:right">手続番号　第　　　　　　　号
提出者（　　　　　　　　　）</td></tr>
<tr><td colspan="3" style="text-align:center">資料目録（職権）</td></tr>
<tr><td>番号</td><td>資料の標目</td><td>備考（入手先、入手年月日、還付年月日等）</td></tr>
<tr><td></td><td></td><td></td></tr>
<tr><td></td><td></td><td></td></tr>
<tr><td></td><td></td><td></td></tr>
<tr><td></td><td></td><td></td></tr>
<tr><td></td><td></td><td></td></tr>
<tr><td></td><td></td><td></td></tr>
<tr><td></td><td></td><td></td></tr>
<tr><td></td><td></td><td></td></tr>
<tr><td></td><td></td><td></td></tr>
<tr><td></td><td></td><td></td></tr>
<tr><td></td><td></td><td></td></tr>
<tr><td></td><td></td><td></td></tr>
<tr><td></td><td></td><td></td></tr>
</table>

別記第25号様式（第6の3関係）（意見・資料）

	手続番号　第　　　　　号
	提出者（　　　　　　　　）

<table>
<tr><td colspan="3" align="center">意見等目録（利害関係人提出）</td></tr>
<tr><td>番号</td><td>意見・資料の標目</td><td>備考（提出年月日、還付年月日等）</td></tr>
<tr><td></td><td></td><td></td></tr>
<tr><td></td><td></td><td></td></tr>
<tr><td></td><td></td><td></td></tr>
<tr><td></td><td></td><td></td></tr>
<tr><td></td><td></td><td></td></tr>
<tr><td></td><td></td><td></td></tr>
<tr><td></td><td></td><td></td></tr>
<tr><td></td><td></td><td></td></tr>
<tr><td></td><td></td><td></td></tr>
<tr><td></td><td></td><td></td></tr>
<tr><td></td><td></td><td></td></tr>
<tr><td></td><td></td><td></td></tr>
<tr><td></td><td></td><td></td></tr>
<tr><td></td><td></td><td></td></tr>
</table>

別記第25号様式（第6の3関係）（その他参考資料）

<table>
<tr><td colspan="3">手続番号　第　　　　　　号
提出者（　　　　　　　　　　）</td></tr>
<tr><td colspan="3" align="center">資料目録（職権）</td></tr>
<tr><td>番号</td><td>資料の標目</td><td>備考（入手先、入手年月日、還付年月日等）</td></tr>
<tr><td></td><td></td><td></td></tr>
<tr><td></td><td></td><td></td></tr>
<tr><td></td><td></td><td></td></tr>
<tr><td></td><td></td><td></td></tr>
<tr><td></td><td></td><td></td></tr>
<tr><td></td><td></td><td></td></tr>
<tr><td></td><td></td><td></td></tr>
<tr><td></td><td></td><td></td></tr>
<tr><td></td><td></td><td></td></tr>
<tr><td></td><td></td><td></td></tr>
<tr><td></td><td></td><td></td></tr>
<tr><td></td><td></td><td></td></tr>
<tr><td></td><td></td><td></td></tr>
</table>

第1　氏名(単有)のみの土地(表題部の所有者欄に氏名のみが記録され、その住所の記録がない土地)
【解消前】

表　題　部　（土地の表示）	調製	平成12年6月26日	不動産番号	1 2 3 4 5 6 7 8 9 0 1 2 3
地図番号	余　白	筆界特定	余　白	

所　　在	甲市乙町一丁目		余　白

①地番	②地目	③地積　㎡	原因及びその日付〔登記の日付〕
100番	墓地	100	余　白
余　白	余　白	余　白	昭和63年法務省令第37号附則第2条第2項の規定により移記 平成12年6月26日

所　有　者	法務太郎

【解消後】

1－1　表題部所有者として登記すべき者があるとき（本人）（第15条第1項第1号）

所　有　者	法務太郎 甲市乙町一丁目1番　法務太郎 手続番号　第5100－2020－0001号 令和元年法律第15号第15条の規定により令和2年2月1日登記

1－2　表題部所有者として登記すべき者があるとき（過去の所有者）（第15条第1項第1号）

所　有　者	法務太郎 甲市乙町一丁目1番　法務太郎〔昭和○年○月○日当時〕 手続番号　第5100－2020－0002号 令和元年法律第15号第15条の規定により令和2年2月1日登記

1－3　表題部所有者として登記すべき者があるとき（法人でない社団等）（第15条第1項第1号）

所　有　者	法務太郎 甲市乙町二丁目1番　人権　守〔法人でない社団（又は財団）代表者（又は管理者）〕 手続番号　第5100－2020－0003号 令和元年法律第15号第15条の規定により令和2年2月1日登記

2－1　表題部所有者として登記すべき者がないとき（第15条第1項第2号）
　　　所有者等を特定することができないとき（第15条第1項第4号イ）
　　　（虚無人名義又は明治5年式戸籍に記載されていると思われる者の場合）
　　　※　明治5年式戸籍は、明治5年2月1日から明治19年10月15日までの間に作られた。
　　　　　以下同じ。

所　有　者	法務太郎 表題部所有者として登記すべき者がない〔令和元年法律第15号第14条第1項第4号イ〕 手続番号　第5100－2020－0004号 令和元年法律第15号第15条の規定により令和2年2月1日登記

2－2　表題部所有者として登記すべき者がないとき（第15条第1項第2号）
　　　法人でない社団等に属し、又は属していた場合であって、表題部所有者として登記すべ

所 有 者	法務太郎
	表題部所有者として登記すべき者がない〔令和元年法律第15号第14条第1項第4号ロ〕
	手続番号　第5100－2020－0005号
	令和元年法律第15号第15条の規定により令和2年2月1日登記

第2　氏名（共有）のみの土地

【解消前】

表　題　部　（土地の表示）	調製	平成12年6月26日	不動産番号	1 2 3 4 5 6 7 8 9 0 1 2 3
地図番号	余　白	筆界特定	余　白	
所　　在	甲市乙町一丁目		余　白	

①地番	②地目	③地積　㎡	原因及びその日付〔登記の日付〕
100番	墓地	100	余　白
余　白	余　白	余　白	昭和63年法務省令第37号附則第2条第2項の規定により移記 平成12年6月26日

所　有　者	法務太郎　訟務一郎

【解消後】

1－1　表題部所有者として登記すべき者があるとき（本人）（第15条第1項第1号）

所 有 者	法務太郎　訟務一郎
	甲市乙町一丁目1番　持分2分の1　法務太郎
	甲市乙町二丁目7番　持分2分の1　訟務一郎
	手続番号　第5100－2020－0001号
	令和元年法律第15号第15条の規定により令和2年2月1日登記

1－2　表題部所有者として登記すべき者があるとき（過去の所有者）（第15条第1項第1号）

所 有 者	法務太郎　訟務一郎
	甲市乙町一丁目1番　持分2分の1　法務太郎〔昭和○年○月○日当時〕
	甲市乙町二丁目7番　持分2分の1　訟務一郎〔昭和○年○月○日当時〕
	手続番号　第5100－2020－0002号
	令和元年法律第15号第15条の規定により令和2年2月1日登記

1－3　表題部所有者として登記すべき者があるとき（法人でない社団等）（第15条第1項第1号）

所 有 者	法務太郎　訟務一郎
	甲市乙町二丁目1番　人権　守〔法人でない社団（又は財団）代表者（又は管理者）〕
	手続番号　第5100－2020－0003号
	令和元年法律第15号第15条の規定により令和2年2月1日登記

2－1　表題部所有者として登記すべき者がないとき（第15条第1項第2号）
　　　　所有者等を特定することができないとき（第15条第1項第4号イ）
　　　　（虚無人名義又は明治5年式戸籍に記載されていると思われる者の場合）

所　有　者	<u>法務太郎　訟務一郎</u>
	表題部所有者として登記すべき者がない〔令和元年法律第15号第14条第１項第４号イ〕
	手続番号　第5100－2020－0004号
	令和元年法律第15号第15条の規定により令和２年２月１日登記

２－２　表題部所有者として登記すべき者がないとき（第15条第１項第２号）
　　　　法人でない社団等に属し、又は属していた場合であって、表題部所有者として登記すべき者を特定することができないとき（第15条第１項第４号ロ）

所　有　者	<u>法務太郎　訟務一郎</u>
	表題部所有者として登記すべき者がない〔令和元年法律第15号第14条第１項第４号ロ〕
	手続番号　第5100－2020－0005号
	令和元年法律第15号第15条の規定により令和２年２月１日登記

３－１　数人の共有に属する場合において、表題部所有者として登記すべき者がないとき（第15条第１項第３号）
　　　　所有者等を特定することができないとき（第15条第１項第４号イ）

所　有　者	<u>法務太郎　訟務一郎</u>
	甲市乙町一丁目99番　持分２分の１　法務太郎〔昭和○年○月○日当時〕
	持分２分の１　表題部所有者として記録すべき者がない〔令和元年法律第15号第14条第１項第４号イ〕
	手続番号　第5100－2020－0006号
	令和元年法律第15号第15条の規定により令和２年２月１日登記

３－２　数人の共有に属する場合において、表題部所有者として登記すべき者がないとき（第15条第１項第３号）
　　　　法人でない社団等に属し、又は属していた場合であって、表題部所有者として登記すべき者を特定することができないとき（第15条第１項第４号ロ）

所　有　者	<u>法務太郎　訟務一郎</u>
	甲市乙町一丁目99番　持分２分の１　法務太郎〔昭和○年○月○日当時〕
	持分２分の１　表題部所有者として記録すべき者がない〔令和元年法律第15号第14条第１項第４号ロ〕
	手続番号　第5100－2020－0007号
	令和元年法律第15号第15条の規定により令和２年２月１日登記

第３　記名共有地（表題部の所有者欄に「Ａ外２名」と記録され、Ａの住所並びに他の共有者の氏名住所の記録がない土地）
【解消前】

表　題　部　（土地の表示）		調製	平成12年６月26日	不動産番号	１２３４５６７８９０１２３
地図番号	余　白	筆界特定	余　白		
所　在	甲市乙町一丁目			余　白	
①地番	②地目	③地積　㎡		原因及びその日付〔登記の日付〕	
100番	墓地		100	余　白	

				昭和63年法務省令第37号附則第2条第2項の規定により移記
余　白	余　白	余　白		平成12年6月26日
所　有　者	法務太郎外2名			

【解消後】

1-1　表題部所有者として登記すべき者があるとき（本人）（第15条第1項第1号）

所　有　者	法務太郎外2名
	甲市乙町一丁目1番　持分3分の1　法務太郎
	甲市乙町一丁目2番　持分3分の1　法務二郎
	甲市乙町一丁目3番　持分3分の1　法務三郎
	手続番号　第5100-2020-0001号
	令和元年法律第15号第15条の規定により令和2年2月1日登記

1-2　表題部所有者として登記すべき者があるとき（過去の所有者）（第15条第1項第1号）

所　有　者	法務太郎外2名
	甲市乙町一丁目1番　持分3分の1　法務太郎〔昭和○年○月○日当時〕
	甲市乙町一丁目2番　持分3分の1　法務二郎〔昭和○年○月○日当時〕
	甲市乙町一丁目3番　持分3分の1　法務三郎〔昭和○年○月○日当時〕
	手続番号　第5100-2020-0002号
	令和元年法律第15号第15条の規定により令和2年2月1日登記

1-3　表題部所有者として登記すべき者があるとき（法人でない社団等）（第15条第1項第1号）

所　有　者	法務太郎外2名
	甲市乙町二丁目1番　人権　守〔法人でない社団（又は財団）代表者（又は管理者）〕
	手続番号　第5100-2020-0003号
	令和元年法律第15号第15条の規定により令和2年2月1日登記

2-1　表題部所有者として登記すべき者がないとき（第15条第1項第2号）
　　　所有者等を特定することができないとき（第15条第1項第4号イ）
　　　（虚無人名義又は明治5年式戸籍に記載されていると思われる者の場合）

所　有　者	法務太郎外2名
	表題部所有者として登記すべき者がない〔令和元年法律第15号第14条第1項第4号イ〕
	手続番号　第5100-2020-0004号
	令和元年法律第15号第15条の規定により令和2年2月1日登記

2-2　表題部所有者として登記すべき者がないとき（第15条第1項第2号）
　　　法人でない社団等に属し、又は属していた場合であって、表題部所有者として登記すべき者を特定することができないとき（第15条第1項第4号ロ）

所　有　者	法務太郎外2名
	表題部所有者として登記すべき者がない〔令和元年法律第15号第14条第1項第4号ロ〕
	手続番号　第5100-2020-0005号
	令和元年法律第15号第15条の規定により令和2年2月1日登記

3－1　数人の共有に属する場合において、表題部所有者として登記すべき者がないとき（第15
　　　条第1項第3号）
　　　　　所有者等を特定することができないとき（第15条第1項第4号イ）

所　有　者	法務太郎外2名
	甲市乙町一丁目1番　持分3分の1　法務太郎
	持分3分の2　表題部所有者として記録すべき者がない〔令和元年法律第15号第14
	条第1項第4号イ〕
	手続番号　第5100－2020－0006号
	令和元年法律第15号第15条の規定により令和2年2月1日登記

3－2　数人の共有に属する場合において、表題部所有者として登記すべき者がないとき（第15
　　　条第1項第3号）
　　　　　法人でない社団等に属し、又は属していた場合であって、表題部所有者として登記すべ
　　　き者を特定することができないとき（第15条第1項第4号ロ）

所　有　者	法務太郎外2名
	甲市乙町一丁目1番　持分3分の1　法務太郎
	持分3分の2　表題部所有者として記録すべき者がない〔令和元年法律第15号第14
	条第1項第4号ロ〕
	手続番号　第5100－2020－0007号
	令和元年法律第15号第15条の規定により令和2年2月1日登記

第4　字持地（表題部の所有者欄に大字などの名義で記録されている土地）

【解消前】

表　題　部　（土地の表示）		調製	平成12年6月26日	不動産番号	1 2 3 4 5 6 7 8 9 0 1 2 3
地図番号	余　白	筆界特定	余　白		
所　　在	甲市乙町一丁目			余　白	
①地番	②地目	③地積　㎡		原因及びその日付〔登記の日付〕	
100番	墓地		100	余　白	
余　白	余　白	余　白		昭和63年法務省令第37号附則第2条第2項の規定により移記　平成12年6月26日	
所　有　者	大字霞ヶ関				

【解消後】
1－1　表題部所有者として登記すべき者があるとき（市町村又は財産区の場合）（第15条第1
　　　項第1号）

【全部判明型　類型Ⅰ（法人でない社団等以外の者）】

所　有　者	大字霞ヶ関
	東京都千代田区（又は大字霞が関財産区）
	手続番号　第5100－2020－0001号
	令和元年法律第15号第15条の規定により令和2年2月1日登記

1－2　表題部所有者として登記すべき者があるとき（過去の所有者）（第15条第1項第1号）

【全部判明型　類型Ⅱ（法人でない社団等以外の者・過去の所有者）】

所　有　者	大字霞ヶ関 甲市乙町一丁目1番　持分3分の1　法務太郎〔昭和 ○年 ○月 ○日当時〕 甲市乙町一丁目2番　持分3分の1　法務二郎〔昭和 ○年 ○月 ○日当時〕 甲市乙町一丁目3番　持分3分の1　法務三郎〔昭和 ○年 ○月 ○日当時〕 手続番号　第5100－2020－0002号 令和元年法律第15号第15条の規定により令和2年2月1日登記

1－3　表題部所有者として登記すべき者があるとき（法人でない社団等）（第15条第1項第1号）

【全部判明型　類型Ⅲ（法人でない社団等・代表者判明）】

所　有　者	大字霞ヶ関 甲市乙町二丁目1番　人権　守〔法人でない社団（又は財団）代表者（又は管理者）〕 手続番号　第5100－2020－0003号 令和元年法律第15号第15条の規定により令和2年2月1日登記

2－1　表題部所有者として登記すべき者がないとき（第15条第1項第2号）
　　　所有者等を特定することができないとき（第15条第1項第4号イ）

【全部不明型　類型Ⅰ】→特定不能土地等管理命令（第19条）

所　有　者	大字霞ヶ関 表題部所有者として登記すべき者がない〔令和元年法律第15号第14条第1項第4号イ〕 手続番号　第5100－2020－0004号 令和元年法律第15号第15条の規定により令和2年2月1日登記

2－2　表題部所有者として登記すべき者がないとき（第15条第1項第2号）
　　　　法人でない社団等に属し、又は属していた場合であって、表題部所有者として登記すべき者を特定することができないとき（第15条第1項第4号ロ）

【全部不明型　類型Ⅱ】→特定社団等帰属土地等管理命令（第30条）

所　有　者	大字霞ヶ関 表題部所有者として登記すべき者がない〔令和元年法律第15号第14条第1項第4号ロ〕 手続番号　第5100－2020－0005号 令和元年法律第15号第15条の規定により令和2年2月1日登記

3－1　数人の共有に属する場合において、表題部所有者として登記すべき者がないとき（第15条第1項第3号）
　　　　所有者等を特定することができないとき（第15条第1項第4号イ）

【混在型　類型Ⅰ】→（法務太郎共有持分以外）特定不能土地等管理命令（第19条）

所　有　者	大字霞ヶ関 甲市乙町一丁目1番　持分3分の1　法務太郎 持分3分の2　表題部所有者として記録すべき者がない〔令和元年法律第15号第14条第1項第4号イ〕 手続番号　第5100－2020－0006号 令和元年法律第15号第15条の規定により令和2年2月1日登記

3－2　数人の共有に属する場合において、表題部所有者として登記すべき者がないとき（第15条第1項第3号）

法人でない社団等に属し、又は属していた場合であって、表題部所有者として登記すべき者を特定することができないとき（第15条第1項第4号ロ）

【混在型　類型Ⅱ】→（法務太郎共有持分以外）特定社団等帰属土地等管理命令（第30条）

所　有　者	<u>大字霞ヶ関</u> 甲市乙町一丁目1番　持分3分の1　法務太郎 持分3分の2　表題部所有者として記録すべき者がない〔令和元年法律第15号第14条第1項第4号ロ〕 手続番号　第5100－2020－0007号 令和元年法律第15号第15条の規定により令和2年2月1日登記

付録5

表題部所有者不明土地の登記及び管理の適正化に関する法律等の施行に伴う不動産登記事務の取扱いについて

（令2.10.30民二第796号法務局長、
地方法務局長宛て民事局長通達）

（通達）

　表題部所有者不明土地の登記及び管理の適正化に関する法律（令和元年法律第15号。以下「法」という。）の第3章から第5章までの規定及び表題部所有者不明土地の登記及び管理の適正化に関する法律施行規則の一部を改正する省令（令和2年法務省令第49号。以下「改正省令」という。）が本年11月1日から施行されますが、これらに伴う不動産登記事務の取扱いについては、下記の点に留意し、事務処理に遺憾のないよう、貴管下登記官に周知方お取り計らい願います。

　なお、本通達中、「不登法」とあるのは不動産登記法（平成16年法律第123号）を、「施行規則」とあるのは改正省令による改正後の表題部所有者不明土地の登記及び管理の適正化に関する法律施行規則（令和元年法務省令第42号）をそれぞれいいます。

　また、本通達に抵触する従前の取扱いは、この通達により変更したものとします。

記

第1　特定不能土地等管理命令等の登記嘱託

　1　特定不能土地等管理命令等及び同命令の取消し

　(1)　裁判所は、所有者等特定不能土地について、必要があると認めるときは、利害関係人の申立てにより、その申立てに係る所有者等特定不能土地を対象として、特定不能土地等管理者による管理を命ずる処分（以下「特定不能土地等管理命令」という。）をすることができるとされた（法第19条第1項）。この場合、裁判所は、当該特定不能土地等管理命令において、特定不能土地等管理者を選任しなければならないこととされた（法第20条第1項）。特定不能土地等管理命令があった場合には、裁判所書記官は、職権で、遅滞なく、特定不能土地等管理命令の対象とされた所有者等特定不能土地について、特定不能土地等管理命令の登記を嘱託しなければならないとされた（同条第3項）。

　　　裁判所は、特定不能土地等管理命令を変更し、又は取り消すことができるとされた（法第19条第3項）。また、一定の事由が生じた場合には、裁判所は、特定不能土地等管理命令を取り消さなければならないとされた（法第29条第1項及び第2項）。特定不能土地等管理命令を取り消す裁判があったと

きは、裁判所書記官は、職権で、遅滞なく、特定不能土地等管理命令の登記の抹消を嘱託しなければならないとされた（法第20条第4項）。

　　裁判所は、特定社団等帰属土地について、当該特定社団等帰属土地が帰属する法人でない社団等の代表者又は管理人が選任されておらず、かつ、当該法人でない社団等の全ての構成員を特定することができず、又はその所在が明らかでない場合において、必要があると認めるときは、利害関係人の申立てにより、その申立てに係る特定社団等帰属土地を対象として、特定社団等帰属土地等管理者による管理を命ずる処分（以下「特定社団等帰属土地等管理命令」という。）をすることができるとされた（法第30条第1項）。法第3章（法第19条第1項を除く。）の規定は、特定社団等帰属土地等管理命令について準用するとされた（法第30条第2項）。

(2)　法第20条第3項又は第4項（これらの規定を法第30条第2項において準用する場合を含む。）の規定により登記記録として登記すべき事項は、表題部の所有者欄に記録するものとされた（施行規則第9条第1項）。

　　登記官は、法第20条第3項（法第30条第2項において準用する場合を含む。）の規定により嘱託があった場合において、当該嘱託に基づく登記をするときは、当該登記の登記原因及びその日付並びに登記の年月日のほか、登記の目的並びに特定不能土地等管理者又は特定社団等帰属土地等管理者（以下「特定不能土地等管理者等」という。）の職名及び氏名又は名称並びに住所をも記録しなければならないとされた（施行規則第9条第5項）。

　　登記官は、法第20条第4項（法第30条第2項において準用する場合を含む。）の規定により嘱託があった場合において、当該嘱託に基づく登記の抹消をするときは、当該抹消の登記の登記原因及びその日付並びに登記の年月日のほか、登記の目的を記録するとともに、抹消すべき登記を抹消する記号をも記録しなければならないとされた（施行規則第9条第6項）。

(3)　上記(2)における登記の記録例は、別紙のとおりとする。

2　特定不能土地等管理者等の辞任等に伴う登記嘱託

(1)　特定不能土地等管理者等は、正当な事由があるときは、裁判所の許可を得て、辞任することができるとされた（法第25条第1項。法第30条第2項において準用する場合を含む。）。

　　特定不能土地等管理者等がその任務に違反して特定不能土地等管理命令又は特定社団等帰属土地等管理命令（以下「特定不能土地等管理命令等」という。）の対象とされた所有者等特定不能土地等又は特定社団等帰属土地等に著しい損害を与えたことその他重要な事由があるときは、裁判所は、利害関係人の申立てにより、特定不能土地等管理者等を解任することができるとされた（法第26条第1項。法第30条第2項において準用する場合を含む。）。

　　特定不能土地等管理者等の辞任又は解任があった場合、法第20条第3項及び第4項の規定に準じて裁判所書記官から登記の嘱託がされることになると

考えられる。

(2)　表題部所有者不明土地の複数の所有者等に係る共有持分について特定不能土地等管理命令等が発せられていたところ、一部の所有者等を特定することができたために特定不能土地等管理命令等の対象となる共有持分を変更する場合や特定不能土地等管理者等の人数を事後的に増やす場合は、特定不能土地等管理命令等の変更（法第19条第3項。法第30条第2項において準用する場合を含む。）として取り扱うことになると考えられる。

この場合も、法第20条第3項及び第4項の規定に準じて裁判所書記官から登記の嘱託がされることになると考えられる。

(3)　上記(1)及び(2)における登記の記録例は、別紙のとおりとする。

第2　特定不能土地等管理者等の表示の変更等

1　特定不能土地等管理者等の表示の変更

特定不能土地等管理者等の氏名若しくは名称又は住所について変更が生じた場合において、当該特定不能土地等管理者等から氏名又は住所について変更があったことを証する市町村長（特別区の区長を含むものとし、地方自治法（昭和22年法律第67号）第252条の19第1項の指定都市にあっては、区長又は総合区長とする。）、登記官その他の公務員が職務上作成した情報（公務員が職務上作成した情報がない場合にあっては、これに代わるべき情報）を添付して特定不能土地等管理者等の住所又は氏名の変更の登記の申出があったときは、登記官は、職権で、特定不能土地等管理者等の住所又は氏名の変更の登記を実行して差し支えないものとする（不登法第28条）。

2　特定不能土地等管理命令等の対象となる共有持分の変更の登記等

第1の2(2)の一部の所有者等を特定することができた場合において特定不能土地等管理命令等の対象となる共有持分を変更するために裁判所から特定不能土地等管理命令等の変更の登記の嘱託がされるとともに、当該特定不能土地等管理者等から、一部の所有権を証する情報を添付して当該一部の所有者等を表題部所有者とする登記の申出があったときは、登記官は、特定不能土地等管理命令等の変更の登記を実行するとともに、当該一部の所有者等を表題部所有者とする登記を実行して差し支えないものとする（同条）。

3　上記1及び2の場合の登記の記録例は、別紙のとおりとする。

第3　所有者特定書の閲覧の請求

表題部所有者の登記等がされた後、所有者特定書（更正書を含む。以下同じ。）は、登記簿の附属書類として、不登法第121条第2項に基づく閲覧の請求の対象となる。

閲覧を請求することができる者としては、表題部所有者として登記された者、その相続人その他の一般承継人のほか、特定不能土地等管理命令等の申立

てをする利害関係人及び所有者等特定不能土地の所有権を主張する者並びに特定不能土地等管理者等などが考えられる。これらの場合において、不動産登記規則（平成17年法務省令第18号）第193条第3項に規定する利害関係がある理由を証する書面としては、次に掲げる者については、それぞれ定めるものが考えられる。これらの者から、所有者特定書の閲覧の請求がされた場合には、登記官は、所有者特定書（書面をもって所有者特定書が作成されたときは、施行規則第13条第2項の規定により当該書面に記載された情報の内容を記録した電磁的記録）に記録された情報の内容を書面に出力して表示するものとする（不動産登記規則第202条第2項）。

1　表題部所有者として登記された者　本人であることを証する情報
2　1の相続人その他の一般承継人　相続その他の一般承継により当該表題部所有者の地位を承継したことを証する情報
3　特定不能土地等管理命令等の申立てをする利害関係人　当該利害関係を証する情報
4　所有者等特定不能土地の所有権を主張する者　所有者等特定不能土地の所有権を主張していることを証する情報
5　特定不能土地等管理者等　本人であることを証する情報

第4　所有権の保存の登記等
1　法による所有者の探索の結果、表題部所有者不明土地に表題部所有者として登記すべき者がない旨が登記されている場合には、真の所有者は、その状態を是正することを目的として、自身を表題部所有者とする登記を申請することができ、さらに、当該土地につき所有権の保存の登記の申請をすることができると考えられる（最判平成23年6月3日集民237号9頁参照）。
　　特定不能土地等管理者等と第三者との間で売買契約が成立した場合及び時効取得を主張する者（以下「時効取得者」という。）が時効取得した場合の表題登記及び所有権の保存の登記の取扱いについては、以下のとおりとする。
2　特定不能土地等管理者等と第三者との間で売買契約が成立し、当該第三者から自己を表題部所有者とする表題登記（不登法第36条）及び自己を登記名義人とする所有権の保存の登記の申請（不登法第74条第1項第1号）があった場合において、不動産登記令（平成16年政令第379号）別表の4の項添付情報欄ハの表題部所有者となる者が所有権を有することを証する情報として、売買契約書（特定不能土地等管理者の印鑑証明書等の当該書面の真正を証するに足りる情報を含む。）及び特定不能土地等管理者等の要許可行為についての許可の裁判書が提供されたときは、登記官は、当該第三者を表題部所有者とする登記をした上で、当該所有権の保存の登記を実行する。
3　特定不能土地等管理者等と時効取得者との間で当該時効取得者を所有者とする協議が成立した場合又は特定不能土地等管理者等を被告として所有権確認訴

訟を提起し勝訴判決を得た場合であって、時効取得者から自己を表題部所有者とする表題登記及び自己を登記名義人とする所有権の保存の登記の申請があったときは、不動産登記令別表の４の項添付情報欄ハの表題部所有者となる者が所有権を有することを証する情報として、時効取得者を所有者とする特定不能土地等管理者等と時効取得者との協議書（特定不能土地等管理者等の印鑑証明書等の当該書面の真正を証するに足りる情報を含む。）又は所有権確認訴訟の勝訴判決書及び確定証明書が提供されたときは、登記官は、時効取得者を表題部所有者とする登記をした上で、当該所有権の保存の登記を実行する。

4　上記２及び３の所有権の保存の登記を実行した後に、特定不能土地等管理命令等を取り消す裁判があったときは、裁判所書記官は、職権で、遅滞なく、特定不能土地等管理命令等の登記の抹消を嘱託しなければならないことから（法第20条第４項。法第30条第２項において準用する場合を含む。）、登記官は、当該抹消の嘱託に基づきその抹消の登記を実行するものとする。

5　上記２から４までの場合における登記の記録例は、別紙のとおりとする。

別紙

記録例

第１　氏名（単有）のみの土地（表題部の所有者欄に氏名のみが記録され、その住所の記録がない土地）

１　特定不能土地等管理命令

（1）嘱託の登記（法第20条第３項）

所　有　者	甲　某
	表題部所有者として登記すべき者がない［令和元年法律第15号第14条第１項第４号イ］
	手続番号　　第5100－2020－0006号
	令和元年法律第15号第15条の規定により令和２年２月１日登記
	特定不能土地等管理命令
	令和３年４月10日何地方裁判所（何支部）決定
	特定不能土地等管理者　　Ａ市Ｂ町三丁目２番　己　某
	令和３年４月28日登記

（2）抹消の嘱託（法第20条第４項）

所　有　者	甲　某
	表題部所有者として登記すべき者がない［令和元年法律第15号第14条第１項第４号イ］
	手続番号　　第5100－2020－0006号
	令和元年法律第15号第15条の規定により令和２年２月１日登記
	特定不能土地等管理命令
	令和３年４月10日何地方裁判所（何支部）決定
	特定不能土地等管理者　　Ａ市Ｂ町三丁目２番　己　某
	令和３年４月28日登記
	特定不能土地等管理命令抹消
	令和３年６月13日何地方裁判所（何支部）取消決定
	令和３年７月１日登記

（注）　特定不能土地等管理命令を抹消する記号（下線）を記録する。

2 特定社団等帰属土地等管理命令

(1) 嘱託の登記（法第30条第2項、第20条第3項）

所 有 者	甲 某
	表題部所有者として登記すべき者がない［令和元年法律第15号第14条第1項第4号ロ］
	手続番号　第5100－2020－0007号
	令和元年法律第15号第15条の規定により令和2年2月1日登記
	特定社団等帰属土地等管理命令
	令和3年4月10日何地方裁判所（何支部）決定
	特定社団等帰属土地等管理者　A市B町三丁目3番　己　某
	令和3年4月28日登記

(2) 抹消の嘱託（法第30条第2項、第20条第4項）

所 有 者	甲 某
	表題部所有者として登記すべき者がない［令和元年法律第15号第14条第1項第4号ロ］
	手続番号　第5100－2020－0007号
	令和元年法律第15号第15条の規定により令和2年2月1日登記
	<u>特定社団等帰属土地等管理命令</u>
	<u>令和3年4月10日何地方裁判所（何支部）決定</u>
	<u>特定社団等帰属土地等管理者　A市B町三丁目3番　己　某</u>
	<u>令和3年4月28日登記</u>
	特定社団等帰属土地等管理命令抹消
	令和3年6月13日何地方裁判所（何支部）取消決定
	令和3年7月1日登記

（注）　特定社団等帰属土地等管理命令を抹消する記号（下線）を記録する。

第2　氏名（共有）のみの土地

1　特定不能土地等管理命令

(1) 嘱託の登記（法第20条第3項）

所 有 者	甲 某
	乙 某
	甲市乙町一丁目99番　持分2分の1　甲　某［昭和○年○月○日当時］
	持分2分の1　表題部所有者として登記すべき者がない［令和元年法律第15号第14条第1項第4号イ］
	手続番号　第5100－2020－0008号
	令和元年法律第15号第15条の規定により令和2年2月1日登記
	甲某持分を除く共有持分特定不能土地等管理命令
	令和3年4月10日何地方裁判所（何支部）決定
	特定不能土地等管理者　A市B町三丁目2番　己　某
	令和3年4月28日登記

(2) 抹消の嘱託（法第20条第4項）

所 有 者	甲 某
	乙 某
	甲市乙町一丁目99番　持分2分の1　甲　某［昭和○年○月○日当時］

	持分2分の1 表題部所有者として登記すべき者がない［令和元年法律第15号第14条第1項第4号イ］
	手続番号 第5100－2020－0008号
	令和元年法律第15号第15条の規定により令和2年2月1日登記
	<u>甲某持分を除く共有持分特定不能土地等管理命令</u>
	<u>令和3年4月10日何地方裁判所（何支部）決定</u>
	<u>特定不能土地等管理者 A市B町三丁目2番 己 某</u>
	<u>令和3年4月28日登記</u>
	甲某持分を除く共有持分特定不能土地等管理命令抹消
	令和3年6月13日何地方裁判所（何支部）取消決定
	令和3年7月1日登記

（注） 特定不能土地等管理命令を抹消する記号（下線）を記録する。

2 特定社団等帰属土地等管理命令
(1) 嘱託の登記（法第30条第2項、第20条第3項）

所 有 者	甲 某
	乙 某
	甲市乙町一丁目99番 持分2分の1 甲 某［昭和○年○月○日当時］
	持分2分の1 表題部所有者として登記すべき者がない［令和元年法律第15号第14条第1項第4号ロ］
	手続番号 第5100－2020－0009号
	令和元年法律第15号第15条の規定により令和2年2月1日登記
	甲某持分を除く共有持分特定社団等帰属土地等管理命令
	令和3年4月10日何地方裁判所（何支部）決定
	特定社団等帰属土地等管理者 A市B町三丁目3番 己 某
	令和3年4月28日登記

(2) 抹消の嘱託（法第30条第2項、第20条第4項）

所 有 者	甲 某
	乙 某
	甲市乙町一丁目99番 持分2分の1 甲 某［昭和○年○月○日当時］
	持分2分の1 表題部所有者として登記すべき者がない［令和元年法律第15号第14条第1項第4号ロ］
	手続番号 第5100－2020－0009号
	令和元年法律第15号第15条の規定により令和2年2月1日登記
	<u>甲某持分を除く共有持分特定社団等帰属土地等管理命令</u>
	<u>令和3年4月10日何地方裁判所（何支部）決定</u>
	<u>特定社団等帰属土地等管理者 A市B町三丁目3番 己 某</u>
	<u>令和3年4月28日登記</u>
	甲某持分を除く共有持分特定社団等帰属土地等管理命令抹消
	令和3年6月13日何地方裁判所（何支部）取消決定
	令和3年7月1日登記

（注） 特定社団等帰属土地等管理命令を抹消する記号（下線）を記録する。

第3 記名共有地（表題部の所有者欄に「A外2名」と記録され、Aの住所並びに他の共有者の氏名住所の記録がない土地）
 1 特定不能土地等管理命令
  (1) 嘱託の登記（法第20条第3項）

所 有 者	甲　某外2名
	甲市乙町一丁目1番　持分3分の1　甲　某［昭和○年○月○日当時］
	持分3分の2　表題部所有者として登記すべき者がない［令和元年法律第15号第14条第1項第4号イ］
	手続番号　第5100−2020−0008号
	令和元年法律第15号第15条の規定により令和2年2月1日登記
	甲某持分を除く共有持分特定不能土地等管理命令
	令和3年4月10日何地方裁判所（何支部）決定
	特定不能土地等管理者　A市B町三丁目2番　己　某
	令和3年4月28日登記

  (2) 抹消の嘱託（法第20条第4項）

所 有 者	甲　某外2名
	甲市乙町一丁目1番　持分3分の1　甲　某［昭和○年○月○日当時］
	持分3分の2　表題部所有者として登記すべき者がない［令和元年法律第15号第14条第1項第4号イ］
	手続番号　第5100−2020−0008号
	令和元年法律第15号第15条の規定により令和2年2月1日登記
	<u>甲某持分を除く共有持分特定不能土地等管理命令</u>
	<u>令和3年4月10日何地方裁判所（何支部）決定</u>
	<u>特定不能土地等管理者　A市B町三丁目2番　己　某</u>
	<u>令和3年4月28日登記</u>
	甲某持分を除く共有持分特定不能土地等管理命令抹消
	令和3年6月10日何地方裁判所（何支部）取消決定
	令和3年6月28日登記

（注）　特定不能土地等管理命令を抹消する記号（下線）を記録する。

 2 特定社団等帰属土地等管理命令
  (1) 嘱託の登記（法第30条第2項、第20条第3項）

所 有 者	甲　某外2名
	甲市乙町一丁目1番　持分3分の1　甲　某［昭和○年○月○日当時］
	持分3分の2　表題部所有者として登記すべき者がない［令和元年法律第15号第14条第1項第4号ロ］
	手続番号　第5100−2020−0009号
	令和元年法律第15号第15条の規定により令和2年2月1日登記
	甲某持分を除く共有持分特定社団等帰属土地等管理命令
	令和3年4月10日何地方裁判所（何支部）決定
	特定社団等帰属土地等管理者　A市B町三丁目3番　己　某
	令和3年4月28日登記

(2)　抹消の嘱託（法第30条第 2 項、第20条第 4 項）

所　有　者	甲　某外 2 名
	甲市乙町一丁目 1 番　持分 3 分の 1　甲　某［昭和○年○月○日当時］
	持分 3 分の 2　表題部所有者として登記すべき者がない［令和元年法律第15号第14条第 1 項第 4 号ロ］
	手続番号　第5100－2020－0009号
	令和元年法律第15号第15条の規定により令和 2 年 2 月 1 日登記
	<u>甲某持分を除く共有持分特定社団等帰属土地等管理命令</u>
	<u>令和 3 年 4 月10日何地方裁判所（何支部）決定</u>
	<u>特定社団等帰属土地等管理者　A市B町三丁目 3 番　己　某</u>
	<u>令和 3 年 4 月28日登記</u>
	甲某持分を除く共有持分特定社団等帰属土地等管理命令抹消
	令和 3 年 6 月10日何地方裁判所（何支部）取消決定
	令和 3 年 6 月28日登記

（注）　特定社団等帰属土地等管理命令を抹消する記号（下線）を記録する。

第 4　字持地（表題部の所有者欄に大字などの名義で記録されている土地）
1　特定不能土地等管理命令
(1)　嘱託の登記（法第20条第 3 項）

所　有　者	<u>大字何</u>
	甲市乙町一丁目 1 番　持分 3 分の 1　甲　某［昭和○年○月○日当時］
	持分 3 分の 2　表題部所有者として登記すべき者がない［令和元年法律第15号第14条第 1 項第 4 号イ］
	手続番号　第5100－2020－0008号
	令和元年法律第15号第15条の規定により令和 2 年 2 月 1 日登記
	甲某持分を除く共有持分特定不能土地等管理命令
	令和 3 年 4 月10日何地方裁判所（何支部）決定
	特定不能土地等管理者　A市B町三丁目 2 番　己　某
	令和 3 年 4 月28日登記

(2)　抹消の嘱託（法第20条第 4 項）

所　有　者	<u>大字何</u>
	甲市乙町一丁目 1 番　持分 3 分の 1　甲　某［昭和○年○月○日当時］
	持分 3 分の 2　表題部所有者として登記すべき者がない［令和元年法律第15号第14条第 1 項第 4 号イ］
	手続番号　第5100－2020－0008号
	令和元年法律第15号第15条の規定により令和 2 年 2 月 1 日登記
	<u>甲某持分を除く共有持分特定不能土地等管理命令</u>
	<u>令和 3 年 4 月10日何地方裁判所（何支部）決定</u>
	<u>特定不能土地等管理者　A市B町三丁目 2 番　己　某</u>
	<u>令和 3 年 4 月28日登記</u>
	甲某持分を除く共有持分特定不能土地等管理命令抹消
	令和 3 年 6 月10日何地方裁判所（何支部）取消決定
	令和 3 年 6 月28日登記

（注）　特定不能土地等管理命令を抹消する記号（下線）を記録する。

2　特定社団等帰属土地等管理命令

(1)　嘱託の登記（法第30条第 2 項、第20条第 3 項）

所　有　者	大字何
	甲市乙町一丁目 1 番　持分 3 分の 1　甲　某［昭和○年○月○日当時］
	持分 3 分の 2　表題部所有者として登記すべき者がない［令和元年法律第15号第14条第 1 項第 4 号ロ］
	手続番号　第5100－2020－0009号
	令和元年法律第15号第15条の規定により令和 2 年 2 月 1 日登記
	甲某持分を除く共有持分特定社団等帰属土地等管理命令
	令和 3 年 4 月10日何地方裁判所（何支部）決定
	特定社団等帰属土地等管理者　A市B町三丁目 3 番　己　某
	令和 3 年 4 月28日登記

(2)　抹消の嘱託（法第30条第 2 項、第20条第 4 項）

所　有　者	大字何
	甲市乙町一丁目 1 番　持分 3 分の 1　甲　某［昭和○年○月○日当時］
	持分 3 分の 2　表題部所有者として登記すべき者がない［令和元年法律第15号第14条第 1 項第 4 号ロ］
	手続番号　第5100－2020－0009号
	令和元年法律第15号第15条の規定により令和 2 年 2 月 1 日登記
	<u>甲某持分を除く共有持分特定社団等帰属土地等管理命令</u>
	<u>令和 3 年 4 月10日何地方裁判所（何支部）決定</u>
	<u>特定社団等帰属土地等管理者　A市B町三丁目 3 番　己　某</u>
	<u>令和 3 年 4 月28日登記</u>
	甲某持分を除く共有持分特定社団等帰属土地等管理命令抹消
	令和 3 年 6 月10日何地方裁判所（何支部）取消決定
	令和 3 年 6 月28日登記

（注）　特定社団等帰属土地等管理命令を抹消する記号（下線）を記録する。

第 5　特定不能土地等管理者の辞任等

1　特定不能土地等管理者の辞任及び選任

所　有　者	甲　某
	表題部所有者として登記すべき者がない［令和元年法律第15号第14条第 1 項第 4 号イ］
	手続番号　第5100－2020－0006号
	令和元年法律第15号第15条の規定により令和 2 年 2 月 1 日登記
	特定不能土地等管理命令
	令和 3 年 4 月10日何地方裁判所（何支部）決定
	<u>特定不能土地等管理者　A市B町三丁目 2 番　己　某</u>
	令和 3 年 4 月28日登記
	特定不能土地等管理者辞任及び特定不能土地等管理者選任
	令和 4 年 1 月 5 日何地方裁判所（何支部）決定
	特定不能土地等管理者　E市F町五丁目 5 番　辛　某
	令和 4 年 1 月23日登記

（注）　辞任前の管理者を抹消する記号（下線）を記録する。
　　　　特定社団等帰属土地等管理者の場合も同様である。

2　特定不能土地等管理者の解任及び選任

所 有 者	<u>甲　某</u> 表題部所有者として登記すべき者がない［令和元年法律第15号第14条第 1 項第 4 号イ］ 手続番号　第5100－2020－0006号 令和元年法律第15号第15条の規定により令和 2 年 2 月 1 日登記 特定不能土地等管理命令 令和 3 年 4 月10日何地方裁判所（何支部）決定 <u>特定不能土地等管理者　A 市 B 町三丁目 2 番　己　某</u> 令和 3 年 4 月28日登記 特定不能土地等管理者解任及び特定不能土地等管理者選任 令和 4 年 1 月 5 日何地方裁判所（何支部）決定 特定不能土地等管理者　E 市 F 町五丁目 5 番　辛　某 令和 4 年 1 月23日登記

（注）　解任前の管理者を抹消する記号（下線）を記録する。
　　　　特定社団等帰属土地等管理者の場合も同様である。

3　特定不能土地等管理者の氏名の変更

所 有 者	<u>甲　某</u> 表題部所有者として登記すべき者がない［令和元年法律第15号第14条第 1 項第 4 号イ］ 手続番号　第5100－2020－0006号 令和元年法律第15号第15条の規定により令和 2 年 2 月 1 日登記 特定不能土地等管理命令 令和 3 年 4 月10日何地方裁判所（何支部）決定 特定不能土地等管理者　A 市 B 町三丁目 2 番　<u>己　某</u> 令和 3 年 4 月28日登記 特定不能土地等管理者氏名変更 庚　某　令和 4 年 1 月 5 日氏名変更 令和 4 年 1 月 8 日登記

（注）　変更前の管理者の氏名を抹消する記号（下線）を記録する。
　　　　特定社団等帰属土地等管理者の場合も同様である。

4　特定不能土地等管理者の住所の変更

所 有 者	<u>甲　某</u> 表題部所有者として登記すべき者がない［令和元年法律第15号第14条第 1 項第 4 号イ］ 手続番号　第5100－2020－0006号 令和元年法律第15号第15条の規定により令和 2 年 2 月 1 日登記 特定不能土地等管理命令 令和 3 年 4 月10日何地方裁判所（何支部）決定 特定不能土地等管理者　<u>A 市 B 町三丁目 2 番</u>　己　某 令和 3 年 4 月28日登記 特定不能土地等管理者住所変更 C 市 D 町四丁目 4 番　令和 4 年 1 月 5 日住所移転 令和 4 年 1 月 8 日登記

（注）　変更前の管理者の住所を抹消する記号（下線）を記録する。
　　　　特定社団等帰属土地等管理者の場合も同様である。

5　特定不能土地等管理者の変更（管理者の追加）

所　有　者	甲　某
	<u>表題部所有者として登記すべき者がない［令和元年法律第15号第14条第1項第4号イ］</u>
	手続番号　第5100－2020－0006号
	令和元年法律第15号第15条の規定により令和2年2月1日登記
	特定不能土地等管理命令
	令和3年4月10日何地方裁判所（何支部）決定
	特定不能土地等管理者　A市B町三丁目2番　己　某
	令和3年4月28日登記
	特定不能土地等管理者選任
	令和4年2月2日何地方裁判所（何支部）決定
	E市F町五丁目5番　辛　某
	令和4年2月20日登記

(注)　特定社団等帰属土地等管理者の場合も同様である。

6　特定不能土地等管理命令の変更（対象となる持分の変更）

所　有　者	甲　某
	<u>表題部所有者として登記すべき者がない［令和元年法律第15号第14条第1項第4号イ］</u>
	手続番号　第5100－2020－0006号
	令和元年法律第15号第15条の規定により令和2年2月1日登記
	<u>特定不能土地等管理命令</u>
	<u>令和3年4月10日何地方裁判所（何支部）決定</u>
	特定不能土地等管理者　A市B町三丁目2番　己　某
	令和3年4月28日登記
	G市H町八丁目8番　持分3分の1　壬　某
	持分3分の2　表題部所有者として登記すべき者がない
	特定不能土地等管理命令変更
	壬某持分を除く共有持分特定不能土地等管理命令
	令和4年2月2日何地方裁判所（何支部）決定
	令和4年2月20日登記

(注)　変更前の特定不能土地等管理命令を抹消する記号（下線）を記録する。
　　　特定社団等帰属土地等管理者の場合も同様である。

第6　所有権の保存の登記等
1　所有権の保存の登記

所　有　者	甲　某
	<u>表題部所有者として登記すべき者がない［令和元年法律第15号第14条第1項第4号イ］</u>
	<u>手続番号　第5100－2020－0006号</u>
	<u>令和元年法律第15号第15条の規定により令和2年2月1日登記</u>
	特定不能土地等管理命令
	令和3年4月10日何地方裁判所（何支部）決定
	特定不能土地等管理者　A市B町三丁目2番　己　某
	令和3年4月28日登記
	<u>G市H町八丁目8番　壬　某</u>

	令和5年6月7日登記

(注) 所有権の保存の登記の前に登記名義人となる者を表題部所有者とする登記を行う。

権　利　部　（甲区）	（所有権に関する事項）		
順位番号	登　記　の　目　的	受付年月日・受付番号	権　利　者　そ　の　他　の　事　項
1	所有権保存	令和5年6月7日 第何号	所有者G市H町八丁目8番 　　　　壬　某

(注) 表題部所有者に関する登記事項を抹消する記号（下線）を記録する（不登規則第158条）。
特定不能土地等管理命令は、所有権の保存の登記を実行した場合であっても抹消することは
できない（法第20条第4項）。
特定社団等帰属土地等管理命令の場合も同様である（法第30条第2項）。

2　所有権の保存の登記後に特定不能土地等管理命令の抹消の嘱託があった場合

所　有　者	甲　某
	表題部所有者として登記すべき者がない［令和元年法律第15号第14条第1項第4号イ］
	手続番号　第5100－2020－0006号
	令和元年法律第15号第15条の規定により令和2年2月1日登記
	特定不能土地等管理命令
	令和3年4月10日何地方裁判所（何支部）決定
	特定不能土地等管理者　A市B町三丁目2番　己　某
	令和3年4月28日登記
	G市H町八丁目8番　壬　某
	令和5年6月7日登記
	特定不能土地等管理命令抹消
	令和5年8月9日何地方裁判所（何支部）取消決定
	令和5年8月27日登記

(注) 特定不能土地等管理命令に関する登記事項を抹消する記号（下線）を記録する。
特定社団等帰属土地等管理命令の場合も同様である（法第30条第2項）。

付録6

特定不能土地等管理者等から売買等により所有権を取得した者による 自己を表題部所有者とする表題登記の取扱いについて

（令4.4.1民二第523号法務局長、
地方法務局長宛て民事局長通達）

（通達）

　表題部所有者不明土地の登記及び管理の適正化に関する法律（令和元年法律第15号）第19条に規定する特定不能土地等管理命令において選任された特定不能土地等管理者又は同法第30条に規定する特定社団等帰属土地等管理命令において選任された特定社団等帰属土地等管理者から売買等により所有者等特定不能土地又は特定社団等帰属土地の所有権を取得した者による自己を表題部所有者とする登記（以下「本件登記」という。）については、令和2年10月30日付け法務省民二第796号当職通達「表題部所有者不明土地の登記及び管理の適正化に関する法律等の施行に伴う不動産登記事務の取扱いについて」により表題登記によることとしているところ、その取扱いについては、下記のとおりとしますので、貴管下登記官に周知方お取り計らい願います。

記

1　本件登記における申請情報の内容は、不動産登記令（平成16年政令第379号。以下「令」という。）第3条の規定により土地の表題登記において必要となるもののほか、次のとおりとする。
　⑴　登記の目的
　　　登記の目的は「土地表題登記（所有者等特定不能土地に係る表題登記）」又は「土地表題登記（特定社団等帰属土地に係る表題登記）」とする。
　⑵　地番
　　　令第3条第7号ロ括弧書きにかかわらず、対象土地の地番を申請情報とする。
　⑶　地目及び地積
　　　令第3条第7号ハ及びニに規定する地目及び地積については、対象土地の現況の地目及び地積とする。
　⑷　登記原因及びその日付
　　　登記原因は「所有者等特定不能土地に係る表題登記」又は「特定社団等帰属土地に係る表題登記」とすることとし、登記原因の日付は申請情報として提供することを要しない。
2　本件登記の申請における添付情報は、令別表第4の項添付情報欄に掲げるものとする。
　　なお、登記記録上の地目が農地である場合には、表題部所有者となる者が所有権を有することを証する情報の一部として、農地法（昭和27年法律第229号）第

３条（農地の転用がある場合には同法第５条）に規定する許可書の提供を要する。

３　本件登記の記録例については別紙のとおりとする。

別紙

登記記録例

表　題　部　（土地の表示）		調製	余　白	不動産番号	１２３４５６７８９０１２３
地図番号	余　白		筆界特定	余　白	
所　　　在	甲市乙町一丁目			余　白	

①地番	②地目	③地積　㎡		原因及びその日付〔登記の日付〕
１２３４番	田	300		余　白
１２３４番	宅地	310	25	所有者等特定不能土地に係る表題登記〔令和何年何月何日〕

所 有 者	甲　某
	表題部所有者として登記すべき者がない〔令和元年法律第15号第14条第１項第４号イ〕
	手続番号　第○○○○－○○○○－○○○○号
	令和元年法律第15号第15条の規定により令和何年何月何日登記
	特定不能土地等管理命令
	令和何年何月何日何地方裁判所（何支部）決定
	特定不能土地等管理者　乙市丙町二丁目１番　乙　某
	令和何年何月何日登記
	丙市丁町三丁目２番地　丙　某
	令和何年何月何日登記

〔参考〕

所有権の保存の登記

所 有 者	甲　某
	表題部所有者として登記すべき者がない〔令和元年法律第15号第14条第１項第４号イ〕
	手続番号　第○○○○－○○○○－○○○○号
	令和元年法律第15号第15条の規定により令和何年何月何日登記
	特定不能土地等管理命令
	令和何年何月何日何地方裁判所（何支部）決定
	特定不能土地等管理者　乙市丙町二丁目１番　乙　某
	令和何年何月何日登記
	丙市丁町三丁目２番地　丙　某
	令和何年何月何日登記

権　利　部　（甲区）		（所有権に関する事項）	
順位番号	登　記　の　目　的	受付年月日・受付番号	権　利　者　そ　の　他　の　事　項
1	所有権保存	令和何年何月何日第何号	所有者　丙市丁町三丁目２番地　丙　某

（注）　表題部所有者に関する登記事項を抹消する記号（下線）を記録する（不動産登記規則（平成17年法務省令第18号）第158条）。

特定不能土地等管理命令の登記は、所有権の保存の登記を実行した場合であっても、裁判所書記官による抹消の登記の嘱託がなければ抹消することはできない（表題部所有者不明土地の登記及び管理の適正化に関する法律（令和元年法律第15号）第20条第4項）。

特定社団等帰属土地等管理命令の登記の場合も同様である（法第30条第2項）。

事項索引

概説 表題部所有者不明土地適正化法

2023年3月31日　第1刷発行

著　者　村松秀樹・佐藤丈宜
　　　　森下宏輝・田中博幸
発行者　加　藤　一　浩

〒160-8520　東京都新宿区南元町19
発　行　所　一般社団法人 金融財政事情研究会
企画・制作・販売　株式会社きんざい
編集室　TEL 03(3355)1713　FAX 03(3355)3763
販売受付　TEL 03(3358)2891　FAX 03(3358)0037
URL https://www.kinzai.jp/

DTP・校正:株式会社友人社/印刷:三松堂株式会社

ISBN978-4-322-14245-7